U0640596

青少年校园美文精品集萃丛书
成长同行系列

成长是
冬日暖阳的守护

《中学生博览》杂志社 选编

时代文艺出版社

图书在版编目（CIP）数据

成长是冬日暖阳的守护 / 《中学生博览》杂志社选编. — 长春：时代文艺出版社，2021.3
（青少年校园美文精品集萃丛书. 成长同行系列）

ISBN 978-7-5387-6568-7

Ⅰ. ①成… Ⅱ. ①中… Ⅲ. ①作文－中小学－选集 Ⅳ. ①H194.5

中国版本图书馆CIP数据核字〔2020〕第257431号

出 品 人	陈 琛
产品总监	邓淑杰
责任编辑	王金弋
装帧设计	孙 利
排版制作	隋淑凤

本书著作权、版式和装帧设计受国际版权公约和中华人民共和国著作权法保护

本书所有文字、图片和示意图等专有使用权为时代文艺出版社所有

未事先获得时代文艺出版社许可

本书的任何部分不得以图表、电子、影印、缩拍、录音和其他任何手段

进行复制和转载，违者必究

成长是冬日暖阳的守护

《中学生博览》杂志社　选编

出版发行 / 时代文艺出版社

地址 / 长春市福祉大路5788号　龙腾国际大厦A座15层　邮编 / 130118

总编办 / 0431-81629751　发行部 / 0431-81629755　北京开发部 / 010-63108163

官方微博 / weibo.com / tlapress　　天猫旗舰店 / sdwycbsgf.tmall.com

印刷 / 三河市嵩川印刷有限公司

开本 / 880mm×1230mm　1 / 32　字数 / 135千字　印张 / 7

版次 / 2021年3月第1版　印次 / 2021年3月第1次印刷　定价 / 36.00元

图书如有印装错误　请寄回印厂调换

编 委 会

编委会主任：刘翠玲　夏野虹　高　亮

编　　　委：宁　波　孟广丽　张春艳

李鹏修　苗嘉琳　姜　晶

王　鑫　李冬娟　王守辉

Contents

目　录

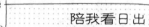

陪我看日出

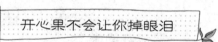

开心果不会让你掉眼泪

成长是冬日暖阳的守护

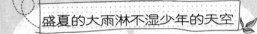

盛夏的大雨淋不湿少年的天空

你是世界上的另一个我

星辰凡间来

陪我看日出

陪我看日出

苍耳

学霸的品种归结起来可以分为两种，一种是整天傻笑还能考出优异成绩的，另一种就是整天捧着书本用时间换取分数的。

而离我三米远的这位，很明显属于后者。话说回来，真的有人会在开学第一天来图书馆看新概念英语吗？我看了看四周，果然，只有我们两个人。窗外仍旧有些嘈杂，不必想就知道还有人陆续过来报道。早上被老妈从被窝里拖出来，还没发完牢骚就被塞进了公车，本着"人生需要豁达"的原则，下车后我心态平和地来到图书馆。但是现在……好困。

合上书，果断开始睡觉。

当我醒来的第一眼，我见到的是管理员阿姨那张隐含了深深不耐烦的慈祥的脸。她说："你，快回到自己班里去，我们要闭馆了。"我眯着眼睛从图书馆走了出来，看了看表，下午五点半，该吃晚饭了。

等我推开教室门的时候，班里瞬间安静了下来，全班五十双眼睛看着我，然后，有一双眼睛说："新来的站在门口的那个，为什么迟到？"我卷起裤子，给他看我膝盖上的伤口："老师，我去了趟医院。"老师明显愣了一下，然后我得到了只有转校生才能得到的待遇——向全班作自我介绍。"只剩下你了。"他这样和我解释。

"陈风，男，无特别爱好，无特别习惯，无特别擅长之事，无特别薄弱之物。"

这是我从记事起便学会的自我介绍，是我妈教的。她说，今后会与我相熟的人，他们自会知晓我的喜好，而那些仅一面之缘的人，我说了他们也记不住。综上所述，无用。不过，对我来说，只是因为很便利而已——各年龄通用。边这么想的时候，我已经走到班里的唯一一个座位旁了。

在这么大一所高中里高频率地见到一个陌生人的概率是多少呢。当看到她的时候，我这么想。

开学第一天，大家都很闲。三节晚自习，都消磨在了小说、杂志和闲聊中，除了我身旁这位——我睡前她在看《史记》，我被铃声吵醒后，她在做习题。

当自己的任课老师是自己亲戚的朋友时，会有多烦呢？小时候常常很好奇，现在，我如愿了。

"你看看人家莫晓——她也是考砸了才到的这里，她怎么就能够保持好心态，继续努力认真地学习呢？你和她是同班同学，多向她学学，别再自暴自弃……"

于是，开学这么多天以来，我终于记得了一个同学的名字——莫晓。她也就成了我人生中的第一位"别人家的孩子"。或许是我的表情过于麻木，班主任突然问了我一句："你知不知道莫晓是谁？""……""服了你了，开学这么多天来都干了些什么啊！""……"我还是保持沉默。然后，我听到了一句极富戏剧性的话——"她是你同桌。""……"我应该说些什么。

我讨厌别人拿我做比较，尤其是和女生。所以，我想玩一场游戏，和莫晓。

这个上午，莫晓一如既往地没离开座位一步。午饭铃响起的时候，班里的人瞬间散了，唯有她不为所动。是想避开人流高峰期吧。我抽了本小说出来看。终于，她起了身，出了教室，我一个激灵，扔了小说，快步跟上。

买完饭菜，我四下张望着，搜寻着她的身影……不见了。有些郁闷地吃完午饭，回到教室，果然——这个女魔头在做习题。

"喂！"我走到她身边，怒视着她。她愣了一下，继而抬头。"有事？"她这样问我。"呃……"怒意瞬间无影无踪。有事？当然有。什么事？因为没能和她一起吃饭而不满？好笑，人家又没约你。"你……"莫晓的声音忽然传过来。"啊？""表情很丰富。"说完，继续做题。怒意再次涌上心头，我把心一横，一把把她拉出了教室。

身后出人意料的一直很安静。

胡乱走着，竟然到了这儿。我停在网球场上，松开了她的手，转过身看着她。午休时间的运动场一直很吵闹，但我却觉得此刻四下出奇地安静。不只因为她，还因为自己。出中考成绩那天，是雨天吧……我抬头看了看天空——好刺眼。

"喂，陈风。"

我偏过头，看着莫晓手里忽然多出来的网球拍，微微瞪大了眼。

"不打吗？"莫晓将那支球拍递给我。

"呵——"我冷笑一声，"是你打。"

"怎么？不会？高、才、生。"我的笑意更深了。

莫晓抬起头看了我半晌，而后收了视线，走到了一面墙旁边，将球抛到空中，挥拍——

"厉害，"我笑了，"竟然连球都碰不到。"

莫晓抿了唇，继续挥拍。

"啪嗒。"

熟悉的冰凉突然降临在唇畔，我眯了眼，抬头望天——下雨了。四周的人陆续撤离，我挑眉看着仍在挥拍的某人，"喂，撤了！"转身走了几步，听着身后越来越重的啪啪声，我皱了眉，转过身，走到丝毫没有停下来的意思的莫晓身旁，"喂，玩上瘾了？"她的无视，让我有些烦躁。我夺过她手中的拍，"喂，停下！"

"那，你为什么没有停下。"她看着我，一字一顿地说。

冷。

铺天盖地袭来的寒意让我的声音也变得冰冷刺骨，"你看到了。"莫晓直视着我，"是你忘了。"

忘了？怎么可能——

那一天，中考成绩发布。

看着屏幕上的数字，气血在一瞬间全涌了上来，我觉得我需要冷静一下。于是，我选择了出门打网球。我希望我最喜爱的事物能带走我最可悲的模样。没打一会儿，雨便砸下来了。我觉得我应该停下来，可是我停不下来。直到再也没有力气站立，我才让球从我身边擦过……等等，我并没有去捡球，那球是怎么回来的？好像……有一个女生。她替我捡了球，给我撑了把伞。她说："谢谢。"但我却连问为什么的力气都没有。一觉醒来，天已放晴。

"那个女生……是你？"我有些诧异。

"没想到剪了头发你就不认得我了，哎，男生果然薄情——"莫晓装模作样地叹气，忽然，狡黠地看着我说，"还是说……你压根儿没认得过我？"

"……"我觉得沉默是金。

"喂，陈风。作为你刚才凶我以及你忘了我的回礼——明早陪我看日出。地点在教学楼楼顶，下午四点，不见不散。"莫晓说完便转身跑走了，生怕我说不的样子。

看着莫晓的背影，我独自思量着：今天下午只有两节课，上完后学生离校，要留校的需要登记。明天下午，五点之前到校，上晚自习。而现在，等我再回宿舍换身衣服，第一节课就下课了。不过比起这些，更重要的是，妈妈说过，别惹女生……嗯……也就是说，我的周末泡汤了。

我发誓，如果莫晓再这样擅自决定我的事的话，我就撕了她的草稿本，折成青蛙塞满她的抽屉……虽然我不会折。吹着楼顶的风，看着满眼的黑色，我有些咬牙切齿。看了看表，才下午三点。楼顶的平台，老旧而杂乱，颇有几分恐怖片的味道，再加上此刻一眼望去，空无一人的校园，静得只听到风声，仿佛下一秒就会有一个人出现在你眼前，浑身鲜血地朝你笑……但我心里却很平静，因为……很习惯了。

不知道过了多久，或许只有一会儿吧，楼梯那边传来响动，是莫晓。莫晓看到我，拍了拍脸颊，低头看了看自己的手表，又把我的拽过去看了看，最后下结论："我没迟到。"

"嗯。"我忽然不太想说话。

"陈风，"莫晓在我身旁站了许久，忽然开口道，

"你知道那天为什么我撑了伞还浑身都湿透了么？"

"……"

"别和我说你没注意……"莫晓眯了眼。

"……"妈妈说，沉默是金。

"呼——算了。"莫晓吐了口气，趴在栏杆上看着天际，自顾自地继续，"其实那天我一直在走。我不知道我要去哪里，但我停不下来，就算周围景物越来越陌生，就算口袋里的手机接连不断地响起。我一直走，一直走，然后下雨了，接着看到了你。"

我随她看着天际，不说话。

"我还是第一次看到有人那样打球，就像想让球穿过墙壁。但是啊，看着同样停不下来的你，我却停下来了。然后我就去附近的店里买了伞，站在你身后等你停下来。可是你一直在打，直到滑倒再也没力气站起来。还记得我把球放到你身旁时对你说了句什么吗？"

"我……"

"想你也不记得……"莫晓不在意地笑笑。

"我记得……"看着莫晓诧异的眼神，我点了点头。

是的，我记得，她说——

"穿不过的话，绕过不就好了……"面前的女生笑着，发梢的雨水滑下来，落到了我的脸上……很温暖。

"但是，后来没太在意，就忘了。"我说的是实话。

"哈哈哈哈……服了你了！"莫晓夸张地大笑着，

笑得眼泪都流了出来，"那我今天再说一次，给我好好记着——"她深吸了一口气，超变亮了的天际大声喊着，"陈风——不论世界有多黑暗，总有一天，太阳会出来，总有一个人，会陪着你等待。"

太阳终于出来了，晨辉洒了莫晓满脸。

看着莫晓现在的样子，我的嘴角也忍不住扬起来，"你是说你么？"

"怎么可能？"莫晓鄙视地看着我，接着转过身来，双手叉腰，又笑了，"我可是要当你的太阳的人啊！"

"呵——"听着她宣誓般的语气，觉得全身都放松了下来，每个细胞都在跳跃着，我忍不住轻笑出声——太阳……吗？嗯，是个很温暖的太阳呢。

天际，阳光毫不客气地穿透了云层，温暖着早晨湿冷的空气。明天的日出，应该会更美吧……

阿四，陪我去看海吧

街 猫

1

凌晨那会儿吧，散场了，我和F从Jackson House 走出来，门口边好几对人在拥抱告别，也有人背着吉他拿着酒瓶，坐在公路边上的栏杆上继续喝，大家看起来意犹未尽。门外冷风扑面，我一下子连打了两个大喷嚏。F把大衣脱下来，披在我身上。动作粗鲁，温暖即达。边上两个女孩儿默默地看了我一眼，我就有些骄傲。

我想起初中的时候，我老是趁阿四出差的时候，拉上窗帘翻他的衣柜偷穿他的衣服，然后在镜子前走来走去。每件衣服套在我身上都空荡荡的，但我就是很喜欢那种感觉。

后来他走了。在他离开的前一个晚上，我没有睡觉。我困得要死，但我就是不让自己睡着。我蹑手蹑脚走下楼梯，没有开灯，溜进他的房间，偷偷从他的行李箱拿出了那件我最喜欢的黑色毛衣。我抱着这件毛衣睡得好沉，醒来时他已经不在了，桌上只有一份冷掉的早餐。

再后来，我穿过好多个男生的外套，都不是记忆中那个温度，所以我总是在感冒。自从F说我感冒的声音很好听之后，我甚至开始有点儿喜欢感冒了。我一感冒他们就主动脱下外套给我，我喜欢跟绅士的男孩儿做朋友。比如眼前这个，走差不多半个钟头的路送我回家。从影子里看，我矮得跟他的狗一样高，我背的吉他跟他一样高，他背的吉他跟树一样高。

"你刚才是不是没唱歌？"F突然问。

"唱啦。"

"唱的什么？"

"你不记得就算啦。"

其实那首英文歌我在暑假练了好久。我坐在阿四的沙发上，阿四坐在客厅的木板上，他对着电脑工作，我戴着耳机练歌。刚开始他嫌我吵，到后来他洗衣服时嘴里都无意识在哼这首歌。但为什么就是轮到我唱时屋子里的电源跳了闸，等麦克风恢复，我已经不想唱了。

2

暑假我飞去阿四的城市，没有提前给他打电话。当天晚上我妈打电话过来问，他现在什么鬼样？

"人样。"我斩钉截铁。

"有没有白头发？"

"找到再告诉你。"我一本正经。

"晚上还喝酒吗？"

"他喝汤。"我胡说八道。

"袜子和内裤有没有分开洗？"

"分得像你和他那么开了。"我开始瞎扯。

"有没有女人？"

"没有！"我终于说了句实话。

垃圾桶里全是泡面桶和啤酒瓶，阳台上晾着的冬衣都现在都还没收回衣柜。我一走进他家，立即被他那头银白色短毛吓个半死，非主流附身还是想我都想得白了少年头了？随即电视里飘来的粤剧声又把我拉回童年的午后，我们争辩着粤剧里哪个才是真的美猴王，又一起讨厌着唐僧那个蠢货。

为什么那么多年过去了，他还是如此钟爱粤剧？看到唐僧把那猴子赶走，他依然愤愤不平。我真的想笑，同样的剧情重复了一万遍，他居然还没有把自己从中抽离出来。

"你觉得老爸很土吗？"

"也就出土文物那种土吧。"

"那你现在喜欢听什么歌？听谁的？"

"我喜欢窦靖童，也很喜欢她妈妈。"

"等过了二十年，你还会听她们的歌吗？"

"应该会吧，王菲天后了那么多年都没有过时。"

"如果过时了呢？"

"不，经典永不过时。王菲就是经典。"

"可能你觉得我老了。"

"你头发怎么回事？"

"再也搞不清这个世界在流行着什么。"

"你头发怎么回事？"

"但我只是一如既往热爱着我十六岁时喜欢上的东西。"

"你头发到底怎么回事？"

我一遍遍重复着这个无聊的问题，又一次为自己的愚蠢感到惭愧。这个男人还是跟在我小时候一样，漫不经心地说着一些用意至深的话，逼得我不得不主动去洗碗。

经典永不过时，那是因为总有人坚持经典。

3

大太阳出现的那一天，我将他所有被子拆出来拿出去晒。还帮他洗了五双鞋子晾在阳台上，往下面的草坪滴着水。

我沉浸在劳动的光荣感中不可自拔，心情大好。

阿四起床后问你把我的鞋子放哪了？

"洗啦。"

"全洗了？"

"全洗了。"

我眯着眼睛看着阳光下那一排鞋子，以为他会为此感激涕零。哎，适当夸两句就可以了，别太过。可剧情是他边刷牙边抓狂着号叫，你让我今天怎么去上班？

额……当然是开车去班啊，难道坐直升机去？

我们在一起互相陪伴两个多月，他就是在那一天在半路停下车去商场买鞋子时顺便给我带了条碎花裙子。

我一穿起新衣服就忍不住想出门溜达，就一个人在外面漫无目的的瞎逛。去买奶茶的时候收银的小帅哥说你的裙子真好看，瞬间我的心情就美翻了。一条街逛下来，我买了好多东西拎在手里沉得要死。我在路边的花店看到一束眯眼儿大笑的向日葵喜欢得要死，我想都不想就买下了它。然后在回家的路上突然下起了雨，我被淋成了落鸡汤，花儿还是好好的。我把它插在杯子里放到我房间，然后跑去厨房切水果整整齐齐摆在盘子里，想着等下阿四回来可以跟他一起窝在沙发里看电视只要不是粤剧，都忘了我湿漉漉的裙子还没有换下来。但直到我洗完澡洗完头阿四都还没回来，我又忘了把手机放哪里了，等着等着就在沙发上睡着了。

醒来时鼻子堵塞，喉咙干渴，声音沙哑。我又感冒了。

自从我买了这束花后就老是下雨，它耷拉着脑袋低头不语，再也不眯眼儿大笑了。

我和阿四上网查了好多资料，买了三盏据说可以产生光合作用的灯天天对着我房间的向日葵照。终于天空放晴，我把花儿移到阳台的右边角落。我还给向日葵换了一个更漂亮的杯子，幻想着这束花儿从此茁壮成长。

我给F发短信说我的花儿又活了过来啦，过了好久他都没回。我就把手机扔进床底了。我弹了会吉他练了会儿歌，还在电视上看了部让人昏昏欲睡的电影。然后爬进床底打开手机，还是没有任何回复。气得我把手机锁进了抽屉。

三个小时不回短信，这已经事关基本人品。

4

　　我从网上了买了烹饪书和咖啡机，学着做饭和煮咖啡。

　　我认为这个世界上最治愈的两样东西就是食物和爱，我能理解那些模特儿为什么总是不停地谈恋爱。

　　一开始我就老在想象，阿四吃了我做的菜会怎么夸我，夸我的时候脸上是什么表情，他会像向日葵那样笑得把眼睛眯起来吗？但他那段时间很少回来吃饭，我做的菜大部分都倒掉了。最终我真正学会的也只有番茄炒蛋。

　　我猜阿四大概是恋爱了，而且不太顺利。我感冒的那个早晨，发现彻夜未归的他剪短了头发。后来我的刘海长长，他带我去发廊，我透过镜子看到他一直在看那个在给别人卷发的女人。她涂着大红色的那种口红，嘴巴看起来像个血盆，我不喜欢。

　　我好讨厌自己出门不记得带钥匙，只能别无选择地给阿四打电话，他说马上就回来。我等啊等，饿到头昏脑涨。为什么我那么神经大条？本来我可以做好饭等阿四回来吃的，哦今天我还没有给我的花儿换水。

　　我决定去买点儿面包先填肚子，可是好奇怪，我看到了阿四。他坐在对面的星巴克里，他对面坐着那个大红色口红的女人，他们看起来聊得好开心。白色的咖啡杯杯沿沾着鲜艳的唇印，我突然觉得她很性感。她让阿四快乐，她有魔力能让阿四像我阳台上的向日葵那样眯着眼儿大笑。我决定不讨厌她了。

另外，其实我一点儿也不喜欢做饭，我懒得再装作兴致勃勃的样子了。如果饭后没有无怨无悔的人，那么照着烹饪书上的10个步骤做出一道糖醋里脊又有什么意义？

人是要做很多自己不喜欢或者无所谓喜不喜欢的事情的。比如工作，也就那么回事儿，但工作能带来钱，厨房能给我什么呢？花两个钟做一道鱼太奢侈了，我如梦初醒，明明我可以用这两个钟头看一部电影，或者去步行街看我喜欢的那个品牌新贴出来的海报。

5

那天他下班回到家，显得很疲惫。很用力地踢掉鞋子把自己重重地摔在沙发上，我起身去厨房想给他泡一壶咖啡，但走到门口已经看到他从沙发里掏出了一瓶酒。

他很大声地说，我那个蓝色的陶瓷杯呢？

我从厨房走出来，刚好听到一个杯子落地的破碎声，听得我胆战心惊。

他拿着酒瓶问我，你有看到过我那个蓝色杯子吗？

我摇摇头。

他突然大吼，到底是谁动了我的杯子，说了多少遍不要动我的东西！

我也大吼，我才没有乱动你的东西！

我跑回房间，觉得好委屈好委屈，门一关眼泪就掉了下来。他不喜欢吃我做的饭。不及时回来帮我打开门。也从来不记得收阳台上的衣服。但他怎么可以不信任我？我蹲在阳台上，看着我的花儿，想着要把它一起带走。

等等，装着花的杯子不就是蓝色的吗？

我真的动了他的杯子。

我抱着杯子回到客厅，地上歪歪扭扭躺着几个酒瓶，电视里开着粤剧，他蜷着身体睡在沙发上。

我偷看过他手机的短信，他跟她说我想和你每天一起吃早点，她回了一句"我一般睡到中午"。

男人泡妞都这么瞎扯的嘛，我来他家这么久，他一次早点都没吃过。他总是匆匆忙忙赶去上班。

6

阳台上的小厨房慢慢荒芜了，油烟机结了很多张蜘蛛网，垃圾桶重新堆满了一次性饭盒。偶尔我们也出去吃，我最喜欢藏在街道里面的一家韩式餐馆，阿四带着我转了好几个弯才到达，走上楼梯会有一种阁楼在摇摇欲坠的错觉。

吃饭的时候他叫看镜子里那个站在前台穿着红色衣服

的美女，我认真看了看，觉得没什么看头，然后美女走过来阿四发现屁股太大他不喜欢。我表示遗憾，遗憾程度跟我点了一个不好吃的紫菜包饭持平。但为了勾引阿四也吃几口我的饭团，我装作很好吃的样子。

"这个鬼饭团什么的不好吃的你非要点。"

"我刚点的时候你怎么不说！马后炮！"

"也就是真的不好吃咯？我没吃过的啊。"

狡猾的家伙。

他还威胁我说，要是我数到三你还在玩手机，就不要再吃饭了。

他数到两声半我急急忙忙把手机塞进包里，没发现编辑好的那条信息其实还没按下发送键。

很晚的时候F打来电话，问我为什么不回信息，知不知道这样不说一声就不见很没有礼貌？

我好喜欢他孩子气发作的这种时刻。

7

阿四终于想起，我来了那么久，大部分时间他都是把我晾在家里自己跟自己玩。他良心爆发，请了一星期假准备带我出去玩。我们坐在床上，研究了好多个地方，查了好多资料，兴致勃勃，满怀憧憬。但一觉醒来，我哪里都不想去了。这座他生活多年的城市之于我就是一个未知的宇宙啊，还有什么地方比这里更值得探索。

那七天里我们早出晚归地到处溜达，每天都好累，一沾床就睡着了。但最喜欢的还是每天早上起来，他牵着我的手，走一段不长不短的路，去买油条豆浆或牛奶和面包。小时候的我，也是这样牵着他的手，指着这个那个说我全都要。

那个礼拜的最后一晚，我做了一个噩梦，不记得梦里有什么了，半夜惊醒，眼角全是眼泪。我黑着灯走到他房间，发现床上没有人。然后我就忍不住号啕大哭起来。我搞不清楚这么晚了他为什么不在家。我弄不明白为什么在我需要的时候他总是缺席。我好厌倦装着体恤试着理解学着接受最终流于习惯。

上完厕所回到房间的阿四，比我还要错愕，不清楚发生了什么。

我不想上楼睡觉了。我突然想起，这是一座沿海城市，我和阿四都没有去看过海。阿四认真想了想，发现自己来这里这么多年，也没有去看过海。然后我们就开车出发了，脚上都还穿着拖鞋，我裹着他的风衣，把车窗打开三分之一，伴着越来越近的海潮声，我整个人都兴奋起来。

虽然哭鼻子很不光彩，但起码也有一次，他选择了拿钥匙给我回家开门，而不是跑去和女伴喝咖啡。一次就好。

可能没安全感的人就是这样。在枕头里面塞硬币。在房间的角落藏香烟。赶最后一班地铁回家吃冰箱里快过期的面包，其实只是害怕成为聚会中最后一个离开的人。背着一个大包，装着一堆记忆垃圾，车票，电影票，糖果盒，快递纸，指甲油，内层的深渊还有一朵枯烂的玫瑰。然后某天发现一切都是累赘，什么都不想要了，顺便让自己也消失掉。始终深爱捉迷藏的游戏，偏偏我是那个直到天黑也没被找到的小孩儿。这是一个迷人的游戏，可是有人没有遵守规则。

因为有睡觉这件事，为一切变迁做了铺垫。

8

在阿四家的那最后半个多月，我常常坐在楼梯里，偷听他讲电话。我揣摩着他在给谁打电话呢，可惜这个问题并不难，我用我没烧坏的大脑，很快就猜到了。

有什么人能让他隔三岔五地聊上过半个钟的电话呢？他说话的语气走路的步伐出门吹的口哨看手机时的神情都太有迹可循了。

我八卦心起，忍不住发问，她漂亮吗？长发还是短发？单眼皮还是双眼皮？会不会做饭？你会娶她吗？

"我不知道啊。"阿四说。

"你怎么可能不知道？"

"我真的不知道啊。"

"别搞笑了。"

"你有没有试过，跟一个人做了很久的朋友都还不知道对方的性别？"

我又不瞎……

我突然反应过来——老天爷！

"阿四，现在在已经不流行网恋啦！"

"我二十年前就停止追赶潮流了。"

"皇上三思！"

"日思夜思时时思。"

"回头是岸！"

"有完没完。"

人类根本无法阻止阿四了，我回A城那一天，他送我去机场。顺手也买了一张机票，飞往另一个城市去见一个素面未谋的朋友。我还能说什么呢，除了紧紧抱住他。

我好怕他失魂落魄地回到这个一个人的城市没有一杯暖胃的咖啡，又怕他不管不顾在另一个城市从头开始再也想不起我们一起唱过歌的沙发。这么多年过去，我还是常常感觉自己对这个男人一无所知。我还是贪恋他温暖的手掌，超过了面包和牛奶醇香的味道。

我还没来得及问，老爸我喜欢上了一个男孩子，他喜欢那种会唱歌的女孩儿，我该怎么办呢？

9

　　我拉住F的手，把我们的手塞进身上他大衣的口袋里。我装作漫不经心看着路灯下飘着的小雪花，其实心跳得好快好快。我们的手都好冰，我感受了好一会儿，才分辨出我的手更冰一点儿。我还知道，他看了我一眼，但我假装没看到。

　　我不想说什么，也不想问，你到底是不是喜欢乐队里那个主唱，如果是的话又为什么老是逗我笑。

　　我练个十年八年不老是感冒的话，也可以变得很会唱歌。但我不会变成乐队里那个主唱，那个站在舞台中央的女孩儿。我压根不想当主唱。我不想心力交瘁地说我想你。我不想歇斯底里地说我爱你。我就想抱着吉他跟着你没什么所谓地弹下去，沉默或者很用力。

　　但最终，我最羡慕的还是那些吃不胖的瘦子和爱不坏的情种。

没有竹马，我也不能做一颗好看的青梅

流萤回雪

论一个吃货的脑洞

从我家到学校，骑自行车需要二十分钟。在二十分钟的骑车时间里可以做不少事情，比如说听音乐、哼歌、用眼睛的余光研究云朵、和遇到的熟人聊天……我问过同样骑自行车上学的同学，他们说他们就是这样的。

不过我没有买MP3，而且唱歌跑调，俩眼近视，也没有能够遇到的熟人。所以我在每天上学和放学蹬车的时候，脑海里就只能想问题。而且想着想着总是想到同一个问题：

中午吃什么？

中午是去食堂还是去小吃街？吃素的还是吃荤的？如

果吃荤的，那么吃鱼肉还是鸡肉还是猪肉？

想着想着，一块小肚腩也会适时随着我的运动一颠一颠，提醒着它的存在。

而马上也便会低下头来，看着自行车的车轮把一小块渺小丑陋的石子轧到一边去。这些问题也就成为一个透明脆弱的泡泡，"啪"一下，迸裂在我干燥而灰暗的思维空气里了。

"嘿，杜。"直到这样的一个声音进入耳朵，我才会结束平静的旅程。那就是吕杭，他天天站在学校车棚那里监管每辆自行车的停放。他静静站着，阳光从后侧打来，一小段脖颈的侧面显出淡淡的白光。

我微笑，说"嘿"，把车子停进去。车棚里有好大一丛绽放许久的雏菊，低下头都能闻到那股香气。我拔下一朵放在衣兜里。

上课铃响了。我和吕杭一起往教室的方向跑去。我跑得没有他快，他的腿实在很长。等我们一前一后坐在座位上，刚刚好，老师就走进来了。

我把衣兜中的那朵雏菊拿出来，插在课桌上摞起的书本与书本之间。忽然看到前面座位的吕杭也从衣兜里拿出了一朵雏菊，放在文具盒里。原来他也摘了。我笑了。

落在你身上的光，像是夏天

三年前我遇到吕杭的时候，他说我长得像他的一个老同学。那时候我坐在教室最后面，他坐我的前桌。我坐在最后面是因为我是从最烂的初中考过来的，他坐在我前面是因为他个子实在是太高了。

我听他那么讲觉得俗透了。所以我低下头来没有理他。

可事实上我也发现吕杭不是那种俗透了的人，他格外讨老师和同学的欢心，总能在上课的时候抢救老师讲错了的地方，语言表达得恰到好处；也能在课间的时候让一堆同学聚过来，被他的冷笑话逗得哈哈大笑。

他家境似乎不好，勤工俭学，向学校申请在上学放学的时候监管自行车排放的工作。他的招牌动作就是在每个人走过来的时候微微一笑，还露出浅浅的酒窝。总之，全校闻名了。

不过那时候我对他爱理不理的。直到有一天我看到白小糖。

那是两年前的一天周末，我们班出去春游，遥远地就在市郊那处田地畔看到了一个穿着纯白色毛衣的女孩儿弯着腰在做什么。吕杭的车子骑在我的旁边，他停下来对着地里喊道："白小糖！"然后那女孩子就连跑带走地过来了。

　　我就发现了，那女孩子，真的，太像我了。马尾辫像，表情像，眼睛像，甚至连这两天刚刚出现在我眼睛下面的黑眼圈，她都有。不过她比我瘦好多好多。

　　"哎，"他说，"你看你看，这就是我常说的长得很像你的女孩儿。"然后把我推到了她的面前。

　　我们去了白小糖的家，在村庄里。她说，农村菜多，地方大，最不愁的就是招待客人。我们全班一起包饺子。吕杭坐在我和白小糖的中间，笑个不停。在大家的请求下，擀面杖被推到了他的面前，他站起身来擀皮。他白皙细长的手指在擀面杖和面皮之间来回灵巧地挪动，我忍不住想要发笑，这明明是女孩子该干的。那个时候，我看到一些异样的光影，追踪着去看，是窗外的梧桐树叶漏下的斑驳印记，斜斜擦下来，擦在了他的面孔上。而他的鼻梁好高，就接住了一小块光斑。

　　那天晚上，全班回家的路上，吕杭的自行车骑到了我的旁边。"杜索年，不如跟你讲讲小糖。小糖是一个单亲家庭的孩子，我们曾经一起上过同一所小学和初中。她家情况跟我家差不多，一直不好。后来，她中考的分数比我都高，可是因为家里钱不够她住宿，才不能到市里的高中来念书。"他讲着讲着居然落下泪来。

　　本来对他爱理不理的我，也不得不承认，这男孩儿，挺善良的。

如果我去医院，你会送我好吃的吗

我很少不认真吃东西。因为我学习实在太差，如果不拼命吃东西，就根本不能治愈我对高中的伤心。

不过吕杭身为我的前桌，目睹我一天天发胖的身材，却从来也不说什么，反而还会给我出主意："你知道不，食堂的西红柿烧茄子，其实不应该配米饭，要配馒头才行。馒头蘸着菜汤儿，再夹点儿零食窗口的鸡丁酱，就是酸辣口。"

在他的指导下，我还发明了用花生酱一点点蘸着火腿肠吃；把棉花糖放在暖气上烤着吃；把饼干化在牛奶里吃。

记得是一次晚自习，我正悄悄吃着巧克力的时候，突然发现手臂外侧的皮肤很奇怪。一块白，又一块白的。

白癜风？那可怎么办呢？我会住院吗？如果我住院，吕杭会送我好吃的吗？那，给我送点儿坚果吧，补营养。我写了个纸条给前桌。

吕杭收到纸条，回过头来看了看我掰给他看的胳膊，然后举起手来：老师，杜索年肚子痛，我要带她去医院。

我就莫名其妙跟着他出来了。

他让我坐上他的单车，紧张得要命："还开玩笑呢杜索年！白癜风白癜风，你知道多可怕吗，会遗传啊！会扩散啊！到时候长到你的脸上啊！全身花白花白的，你看到时候谁娶你啊！"

看他这么紧张，我也严肃得要命，不敢说话了。

吹着沉默的夜风，我们到了一家急诊。医生看了看我的手臂，说出这样一句话："你该减肥了。"

"啥？"

"这是橘皮纹，你太肥，长出来的。"

吕杭狂笑着把我推出门。我也不好意思地笑："抱歉啊，那个，我以后，还是减肥吧。"

"别减啦，你说说你，又不去网吧也不买彩票，作为一个纯洁的高中生，就'吃'这点儿爱好了，剥夺它干吗，橘皮纹就橘皮纹吧。"他郑重其事。

"你说得倒是轻巧，万一以后扩散了，嫁不出去怎么办？"

"快嫁人的时候再减肥呗。"

我点点头，觉得他说得对。

如果时光没有尽头，青春不是覆水难收

日子一直风平浪静，直到期中考试。

那次的考试非常重要。它和期末考试一起，决定了每个班的成员调动。就我们班来说，最后的几名将会降到普通班去。我起早贪黑地学习，没有课间，没有午休，连三

餐都要配合书本解决，这努力程度不亚于中考。吕杭也挺用功的，虽然他一直以来在全班第三的位置不动，但是看到我那种拼命的样子也备感压力。

他突然近视了起来，看不清黑板，不得不扭过头来找我借笔记抄。后来我也近视了，突然间也看不清黑板了，吕杭就不得不配眼镜去了。这就变成我借他的笔记。

这还引起了一桩笑话。吕杭的字是我非常心仪的那种，笔画之间都是洒脱而有力的，我情不自禁地模仿他的字体，越写越像越写越像。结果老师有一次还怀疑吕杭帮我写作业了，他把我俩叫到办公室，让我们在他的本子上各写一句话，我们边写老师边看，写完之后，老师愣了。

学霸笔记护法，加上我的不懈努力，终于有一天，期中考试前的一次月考成绩发布，吕杭扭过头来对我说："从四十六到第二十六了，杜索年，你离我越来越近了哟。"

那天下了晚自习，放学，我去推车，吕杭把我拦住了。他说：杜索年你等一等我，我把你送回家好了。

我买来奶茶，靠在围墙上等他。最后五辆自行车很快被推走了，他走过来说你知道吗，你靠在围墙上喝奶茶的样子，还挺好看的。

因为怕受风，所以我们骑得很慢。他在我旁边一直讲话。他说你可真厉害啊，也好聪明，居然进步这样快。你以后打算考什么学校呢？你对未来有什么打算呢？他一直问啊，问啊，我都不知道怎么回答。

后来他问："从这里到你家需要多少时间？"我说："二十分钟。"他说，"这二十分钟里你都做些什么？"我说："我没有MP3可以听歌，也不会遇到什么熟人聊天，通常，就想自己中午吃什么。""像你的作风。"他说。

实际上，我已经不想这些了。"吃东西"已经退居到"好好学习"的二线了。我在单车上都是思考考点。我在吃饭的时间都是胡乱打发。我的橘皮纹也没了，可是他大概都意识不到吧。毕竟天天看一个人，是很难看出来她缓慢的变化的。

后来路过街心公园那里，我还是有点儿受风，开始咳嗽。他又问我："这一阵为了准备考试，都是几点睡觉的？"我说："每天都是十二点睡，早上六点就起来了，起来在家里看一阵子书再上学去。"

这就把他惊讶到了。他说："那么拼命干什么？"

"哎，"我叨叨着，"不那么拼命就不能继续做你前桌了。"

他轻轻地、磕磕巴巴地说："以后别那么拼命了，身体垮了可不行……"

我在他的背后看到街旁的橘黄色的路灯光暖暖地照着，在黑夜里像是一大朵吐出柔软绒毛的蒲公英。那绒毛弥漫在温暖的夜里，包裹住了我们两个。然后，白色的细屑纷纷扬扬飘飘洒洒徐徐降落了下来，下雪了。

我到家了。他转身，骑着自行车消失在夜色之河看不见的尽头。

如果旧时光能说话，应该能回复我的心事

那次期中考之后我和吕杭成了铁哥们儿。铁哥们儿的含义是指，他时常会在课间的时候被我的乾坤掌拍得吓一大跳，然后不得不扭过头来帮我用各种匪夷所思、只有我才能听懂的方式讲题。我们时常在中午吃饭的时候拼桌合餐，他逼迫我吃我讨厌吃的青椒和蒜苗，我挑给他我不愿意吃的红烧肉里的肥肉。

还有，我必须装作很坦诚很坦诚的样子，去听他讲白小糖。

他说我长得越来越像白小糖了。

再后来，就是高三了。各种压力和困扰压在每个人的肩膀上。由于睡眠不足我时常会在无聊的课堂睡着。有一次我梦见了自己还在那所三流初中，把几个看漫画的同学甩开，一个人走到学校操场坐下来看书。四周围是星星点点的野雏菊，在风里美好的晃动着。此时，我是安安静静的、不必担心前程的、备受老师宠爱的、没有遇见吕杭的。我醒之后，就推吕杭的后背，就这么和他讲着这些。脑子中还半带着蒙眬的睡意。

然而他是问我了："杜索年，你那时候，就没有什么青梅竹马吗？"

"唉"，我打了一个哈欠说，"你忘啦，我胖！"

"那也该有个青梅竹马什么的。不过现在，我算是吧，对不对？"

我带他去了一趟我的初中，那所有很多差生——而我居然算是优秀毕业生的初中。外形张扬的学生们还是在操场上胡闹着。穿着职业装的老师仍然是在校园里眉头紧皱地走路。时光改变不了爬满绿色植物的那教学楼的一侧，它依然在微风里肆意吐露着新鲜的气息。

我在这里度过了三年啊。然后我走入了那教学楼。一步一步，上楼。

突然的，有一个女孩儿在一楼大厅截住了我。她说，请问，你是杜索年么？我好生疑惑，说，是的。

她笑了："你是我们学校的传奇学姐呀，我们老师老提起你来着，还给我们看过你的照片，因为，你是我们历届以来考得最好的。"

我实在是脸烧得红，这让吕杭知道了，可多么难堪啊。毕竟我那成绩，到了高中，算得上倒数。

班主任的办公室里并没有人，我跟吕杭进去，在我老师的讲课本上留了个笑脸，配上一行字：

"九中第一杜索年及二中第一吕杭到此一游！"

那天晚上班主任给我打电话，"知道你和二中第一也能做好朋友，我对你考大学就放心了！"

那一刻的真心话与我流泪的面颊

高考后的那天晚上，我们班同学在一起在豪包唱歌。吕杭觉得闷，出去吹风了。而我就坐在包厢的角落里，看着一首首歌曲的字幕，脑子里什么旋律都没有。

灯光转过来，打过去，转过来，打过去。我要离开了，我这么想着，我要离开了，难道就这么离开了么。

一个女孩儿，跟我打了个招呼，就在旁边坐下了。

"哭了啊？""没。""比哭相都难看。别做这个表情了。"

我端起一杯橙汁拿在手上，一边说话，一边有一口没一口地开始喝。

"不减肥啦？"她说。

"等要出嫁，再减吧。现在学习不是第一要务了，我又要专注吃了。"

"那我电话喊吕杭再给你买点儿好吃的。不过，也许正占线，白小糖你记得吗？刚才听他打电话，指导她往这边走呢。"

我手里捏着的橙汁杯子掉了下来，"梆"的一声摔碎了，然后四周的同学都扭过头来看我。

大家看我还有一个原因。吕杭从外面回来了，而且走到了我这里。

他定定地看着我，然后拿出一个手机，摁下，开始计时。

"刚才我真心话和大冒险输了，他们让我跟你讲话，那么你就听着。杜索年，你是我最好的朋友，最初是因为你长得像我初中同学……"他语速实在很慢，有人开始起哄了。同学仿佛是生怕我会尴尬地离开般，居然摁住我不动。

"不过你俩也不一样啊，你爱吃，她不爱吃。在学习上，你拼起来，比她还厉害，甚至比我还厉害。我觉得，你是一个特别有潜力的女孩儿。"

"你笑的样子云淡风轻的。嗯……你开玩笑时打起人来没轻没重。我也爱吃你喜欢吃的花生酱……我总看你骑自行车，那时候不知道脑子里想什么呢，眼神恍惚得跟做梦似的。"

这时他脸红了。

"哎，初中时候没跟你一起上，高中一直做前后桌，真的很幸运。大学……反正咱俩分数后来一直都差不多，就报名到一起去好不好？"

距离大冒险规定的时间，还差十五秒。

我问道："喂。吕杭，我还有一个问题来着。你刚才和别人选的，是真心话，还是大冒险啊。"

"真心话啊。"他说。又补充一句，"你是我的青梅竹马。"

KTV里转来转去的灯光,打到了刚刚进门的白小糖身上,人们的视线都集中了过去。我流泪的面颊似乎不再重要。

管什么天昏地暗,管什么故事的结局,反正,他是我的青梅竹马。其他的,管什么呢。

如果你看见泡面头就把她当作宇宙吧

宋只猫

1

朱卫卫有一头红色的泡面头，卷卷的，天生的。朱卫卫就坐在宋妮鹿的前面。

而肖若望就坐在朱卫卫的旁边。

每堂课宋妮鹿抬头记笔记的时候，都可以看见朱卫卫那头热情似火的红头发，以及肖若望偶尔躲过老师们探头般的双眼，故意伸手去摸朱卫卫的头。

"朱卫卫的泡面头，很特别！一看见她就像看见了一个热闹的宇宙！"宋妮鹿清楚地记得，这是高一军训那会儿，肖若望亲口对她说的。当时她和朱卫卫并列站在女生方阵里，夏日清凉的晚风从他们的头顶吹过，教官让男生们点一个女生的名字配合拉歌，轮到肖若望，人人都以为他会叫和他青梅竹马的宋妮鹿，没想到他叫了五音不全的朱卫卫!

宋妮鹿微笑着看待眼前发生的事情，肖若望绅士地伸出一只手，穿过她，来到满脸惊恐的朱卫卫面前，朱卫卫慌张拒绝了半天，最后还是被肖若望强势拖走。他们两个人合唱了一首《你是我心内的一首歌》，虽然女生大部分都在跑调，但是好在肖若望的唱功一流。整首歌，肖若望都在找机会跟朱卫卫对视，朱卫卫却不懂风情，一激动把麦克风甩了出去。肖若望被砸出一脸鼻血。

肖若望跟朱卫卫的接触也是在那之后多了起来，甚至多过了每天等他一块儿放学回家的宋妮鹿。

忘了是什么时候起，宋妮鹿和肖若望之间从以往的两个人变成了三个人。肖若望说要送朱卫卫回家，为了不让自己离他更远，宋妮鹿不得不接受。

2

说实话，宋妮鹿不喜欢朱卫卫。就算没有肖若望，她觉得对朱卫卫也很难喜欢得起来。

宋妮鹿承认自己打从心眼儿里看不起朱卫卫，也承认自己在某些人际方面的确有些心高气傲，但是以朱卫卫给她的印象，她实在找不出一丝好感。

朱卫卫模样普通，成绩中下，跟长相出众、品学兼优的宋妮鹿相比，简直一个天一个地。朱卫卫的生活品味极差，朋友圈总是爱发一些过气的心灵鸡汤，毫无美感的图片以及烂大街的俗质音乐链接，更可气的是，肖若望还总喜欢在上面给她点赞。

除了这些，有一阵，朱卫卫还在课间办起"零食部"，每个周末她都要到批发市场去扛回一大袋同学们事先预定好的零食。宋妮鹿也曾光顾过一次，不过是被肖若望硬拉去的，说要给她的"零食部"积攒人气。那次，宋妮鹿买的咪咪虾条，朱卫卫称买一送一，宋妮鹿没有接受，她说她只要一包就够了。

宋妮鹿从未跟任何人透露过自己内心的感情，她暗恋肖若望。不过，从肖若望每天有事没事就爱和朱卫卫打闹的情况来看，肖若望八成是喜欢上了朱卫卫。每每这个时候，宋妮鹿都要试图安慰自己，不可能，以肖若望的眼光不可能看上朱卫卫。因为肖若望曾公开说，他未来的另一半必须黑长直。

这几年，她已经从过去初中的短发慢慢蓄成了长发。为的就是有朝一日，他能够注意到她为他做出的改变。

可是，有时候越不可能的事就越有可能。

终于，肖若望对宋妮鹿说："我跟你说啊，我喜欢朱卫卫。"

宋妮鹿愣了几秒钟，说："早就看出来了。"

3

肖若望对朱卫卫的喜欢，慢慢地所有人都察觉了出来。在这件事上，宋妮鹿倒没有多大表现，她一心认为，肖若望对朱卫卫的喜欢是不可能长久的，他不过是觉得捉弄一个不出色的女生很好玩罢了。

学校准备举行校运动会，班上没有女生肯参加女子三千米，班主任不想为难任何人，说实在不行就放弃这个项目。朱卫卫就是在这个时候举手的，她旁边的肖若望着急地对她说："你不要命啦！三千米你们女生哪儿吃得消啊！"

宋妮鹿边做作业边听朱卫卫用不服输的语气说："你少看不起女生！巾帼不让须眉你懂不懂！"朱卫卫说到做到，为了在比赛中拿到好名次，她每天都会留下去操场围着跑二十圈，那段时间肖若望这只跟屁虫也去了，不过他可没有那么大的耐力，他往往跑个十圈就倒在草坪上没力气了，然后就傻呵呵地盘腿坐着，看朱卫卫意气风发地继续跑。她一边跑，他一边数，跑完了他给她递上一瓶水，还献殷勤地给她揉肩搓背。

朱卫卫不是傻子，她知道外界传的都是真的。她这么普通，有个男孩子能够喜欢她已经非常难得了，何况她也喜欢他，这一点朱卫卫跟肖若望说过，她现在不想谈恋爱，两个人约定等到了大学再慢慢谈。

朱卫卫三千米跑那天，很不凑巧她遇上了大姨妈。在女厕所的镜子里，宋妮鹿盯着她发白的脸好言劝她："不如放弃吧，咱们班也不差这一个名次。"

朱卫卫没有听劝，不管不顾地上场了。肖若望自己也有任务在身，来不及给朱卫卫加油打气。朱卫卫硬撑着跑完全程，倒数最后一名。当她一瘸一拐走向终点的时候，肖若望出现在人群中带头鼓掌。朱卫卫感动得稀里哗啦，觉得比得了第一名还要风光。

人群的另一处，因跳高得了冠军的宋妮鹿怀抱鲜花，笑容迷倒万千，她刻意不去看朱卫卫那红色的泡面头在人群里有多招眼。

4

这世上有一种关系，叫作"我们明明没有在一起却总有人认为我们般配"。宋妮鹿和肖若望就是这种关系，可惜，这种被常人看好的关系，自从有了朱卫卫宋妮鹿发现越来越少的人会在她面前提起类似"你跟肖若望两个人怎么样啦"这样的问题。大概，她连被人"误解"的机会都已经失去了吧。

想到这里，宋妮鹿心底不禁幽暗起来，她翻开一本日记，一页页，上面记录的文字全部都是关于同一个男孩儿。她仔细默读，看着页脚的日期，原来他们已经认识了这么久。

可是，这么久他都没有喜欢上她。

日记本翻开又合上，再翻开，翻到记忆最开始的地方。

那时他们刚上小学五年级，从另一座城市转学过来的宋妮鹿引起了不少同学的注意，这个新来的女孩儿马尾扎得高高的，露出的眼睛和眉毛别提有多好看。班上的同学不论男生女生都愿意和她待在一起，就算是班级组织的拔草活动，大家也争着要和宋妮鹿一组。肖若望也不例外，他答应了自己的外婆要照顾好宋妮鹿，因为宋妮鹿的奶奶跟他的外婆是多年不变的好友。他们成了班上最形影不离的搭档，练硬笔字的时候有人不小心把墨水打翻在她的背带裙上，他二话不说脱下自己的外套递给她，手工课的时候她忘记带美工刀，他把自己的那把摆在桌面上，使了使眼色示意她拿去，结果，他被罚站了一节课。宋妮鹿记得那节课上的是木雕，她雕了一个男孩儿，那个男孩儿长得很像肖若望。只是她把它藏进了书包里，没有人知道。

宋妮鹿曾在一本书上看过一句话：未必要道声喜欢才算是竹马，陪着长大，才算是最好的年华。

5

跟朱卫卫同桌了三年，肖若望始终没有忘记跟朱卫卫当初说好的约定。回校填报志愿当日，肖若望一脸算计地对朱卫卫说："这下，你逃不掉了吧。"

朱卫卫的成绩不算好，尤其是数学烂透了，就算高考前肖若望给她补过一段时间她高考也不可能奇迹出现。

朱卫卫知道自己考不上什么好的学校，但她没有想到肖若望会为了她把志愿改成跟她的一模一样。朱卫卫差点儿哭出声来，她戳着肖若望的脑门儿生气地说："你是不是脑子有坑啊！像宋妮鹿那样会发光的女生你不去喜欢，偏偏喜欢我这样的！"

肖若望抓住她的手，狡黠地说："我家又不需要电灯泡，要你发光干吗？"

这时候他们后面的那个座位，已经换了一张面孔。高考前一个月，宋妮鹿去了南方的一座城市，她被一所知名大学提前录取。正如朱卫卫所说，她会发光，有的人也许天生如此，在人群里耀眼无比，身上仿佛美玉一般，没有瑕疵。一路走来，宋妮鹿始终没有告诉肖若望她喜欢他，可是她不后悔，她有自己的路要走，她相信在未来她能通过自己的努力碰到更好的。

大学期间，宋妮鹿依然和肖若望保持或多或少的联系，看他朋友圈里发的照片步调总是和朱卫卫的一致，她就知道他过得很好。

直到，有一个晚上肖若望打电话给她，跟她诉苦，他跟朱卫卫吵架了，已经一星期了两个人谁也不理睬谁。宋妮鹿在电话这头听了好半天才弄清楚缘由，朱卫卫把头发染了，染成了黑色，肖若望不喜欢。她点进朱卫卫杂乱的朋友圈看见经久不见的朱卫卫竟然变漂亮了，只是那一头红色的泡面头成了"黑长直"。宋妮鹿想起高中的时候有一次自己曾跟朱卫卫透露过肖若望心目中的女友标准，一丝惭愧涌上来。

可是，多年的暗恋终有一丝不甘，"你不是说过未来的另一半必须黑长直吗？"

肖若望在那头愣了一下，说："我说过吗？我不记得了呀！"

听他的语气，他是真的不记得了。

宋妮鹿静下心来，仔细想了想，也仔细端详屏幕上的照片，其实不是朱卫卫变漂亮了，是她对她的成见少了。她还居然有点儿看不惯她那头柔顺的长发。

宋妮鹿给朱卫卫评论留言，泡面头才是你最好的标志，看见你就像看见一个热闹的宇宙。

没过多久，肖若望的朋友圈里多了一则最新消息，是朱卫卫为了救一个小女孩儿，顶着一头火红的泡面头被三头大狼狗追得满城风雨，还登上了报纸。

宋妮鹿突然间明白，肖若望之所以会喜欢上朱卫卫，是因为这个泡面头除了热闹，她还有一些其他美好的东西吧。比如坚持，比如善良。

开心果不会让你掉眼泪

瘦子不符合牛顿第一定律

街　猫

零增肥冰淇淋

我从周末的昏睡中醒来，房间里黑漆漆一片，窗外几盏路灯安静地亮着，疑似醉纸迷金的夜已在我的睡眠中悄悄流逝。我抓起手机一看，才下午五点半——上海的天黑得特别早，这才入秋。

不过既然都要入秋了，我决定出门给自己买根冰淇淋。

本想一个人安静地、文艺地、忽略一百卡路里地吃完这个夏日最后一根冰淇淋，却不想在忘情舔完第三口后手一抖，冰淇淋以自由落体运动方式掉在了地上。我呆呆看着自己的手和地上快速融化的黏稠液体，不敢相信幸福消失得这么突然。我甚至有点儿想哭。更糟糕的是，我看到了迎面走来的周森同学，我们都习惯叫他Z。

他手插裤袋，一歪一扭地向我走来，拍了一下我的肩膀以示安慰，说，走，请你吃一根。从他声音听来，心情指数好得跟吃了五根冰淇淋似的。很少见他这样。

我不想吃了。我说。

说实话，被Z撞见我吃冰淇淋的感觉就像小时候爬梯子偷吃橱柜里的糖果被妈妈看见一样。

上周台风过境那两天很冷，我套了一件烟粉色宽松毛衣去开社团会议，Z刚好坐在我左手边，我注意到他时不时盯着我看，然后莫名其妙地对我说了句，你不适合穿这种毛衣。

为什么？

怎么说呢，这款毛衣很挑人。

就是挑肩膀宽又没胸的啊，像我这样。

可是你脸有点儿婴儿肥，脖子又短，显得整个人都鼓起来了。

我真的很想掐死他。

但他的表情还保持着可耻的一本正经，好像不是在奚落我，而是在讨论一道物理题。

那就陪我吃关东煮去。走啦，我跟你说我想到了一个吃冰淇淋不会增肥的办法。

谁说我要减肥的！

开心果不会让你掉眼泪

一定是阿宝那个长舌妇！虽然Z嘴贱在社里是出了名的，但那天过后，我还是默默地下定了决心，减肥。

我只跟阿宝提过，因为拒绝了她的消夜邀请。

啊啊啊啊！

怎么能让他知道我在减肥！

你那么激动干吗，不是全世界的女生都想着怎么减肥吗？

我松了一口气。算了，他嘴欠不是一天两天的事。

真羡慕男生啊，他们好像怎么吃都不会胖。比如Z，每次去食堂都叫师傅加饭，能一口气吃掉三个汉堡，频频光顾便利店里的关东煮，还是瘦得跟个猴子似的。记得大学第一堂课，老师让我们分小组上讲台用英文再现初次见面情景对话。

易拉罐问Z，How do you grow so tall?

他答，I eat so much food, but I can't grow fatter, so I grow taller, taller and taller, taller and taller, taller and taller……but I want to be fatter! Really!

估计当时台下百分之八十的人都跟我一样想冲上去掐死他。

你高中学理的吧？

嗯。

那你应该知道，在物理中，有一个基本定理叫能量守恒吧，也就是说——

拜托，当我白痴啊！好歹我曾经也是跟物理课代表谈过恋爱的人好不好。

哟，看不出啊。不过学物理的人都眼光独特。

喂——别给我岔开话题。

你想一下，温度所含热量是不是能跟冰淇淋中的热量转换呢？

所以？

你只需要把五百克冰淇淋冻到零下三千多度，这么冻的冰淇淋没人敢吃的嘛。这样一来，你就要把它恢复到可食用的温度，这个过程所需能量大概就是一千卡路里，正好可以抵消掉这些冰淇淋中的脂肪和糖所含的碳水化合物。妙吧？他得意地将最后一颗墨鱼丸送进嘴里。

哇。

趁我惊讶的间隙，他叉走了我纸杯里的一块鱼豆腐。

可是！具体要怎么操作呢？

这个嘛，也不复杂。不过我要去打球了。说完他把手插进裤带大步流星地走掉了。

可恶。

不过，这家伙还是有点儿真材实料的嘛。如果，我是说如果，他说的方案真的可行的话——我们普通人当然没办法做到啦，但一个大的机构可以啊。到时候我们就可以吃到零增肥的冰淇淋啦。搞不好，搞不好Z还能申请专利呢——的确全世界女生都在减肥。天啊！

我忍不住兴奋地奔跑起来。

怎么你才注意到我涂了口红

"双十一"我趁机入了几件毛衣。羊毛衫穿在身上柔软光滑，我看着镜子里的自己，真的很胖吗？开什么玩笑，老娘体重从没进过三位数好吗！

可是，好像真的有点儿胖呢。

脖子。肚子。小腿肚。有肉。

我不明白，既然这个世界这么钟爱纸片人，干吗又要发明那么多美食呢？干吗要出现巧克力冰淇淋章鱼小丸子炸臭豆腐上校鸡块烤面筋手抓饼布丁蛋糕吞拿鱼寿司这些让人神魂颠倒的小吃呢？

哎，伤脑筋。

"光棍节"晚上，几个高校的话剧社联合办了一个化装舞会。Z说他要扮成卓别林，他的圆顶礼帽还是我在网上帮他买的，虽然我也很想看看他会化成什么鬼样子，偏偏临门一脚我接到了阿宝的电话。

她失恋了。

我赶到清吧时她已经喝得半醉了，老天爷，她居然涂着大红色的口红，还穿着无袖小黑裙。好在里面开着暖气。

妮，来。我有巧克力哦！德芙的哦！纵享丝滑哦！

她一看到我就大呼小叫，我在她身边坐下，看到了她眼眶的泪水。

我漂亮吗？

漂亮！

我的腿长不长？她把腿伸到我大腿上。

宇宙大长腿就是你！我斩钉截铁。

你知不知道，我今晚涂了口红。她拿起了易拉罐。好了，别喝了。我刚要制止她，她手一倾斜，把啤酒撒在了自己的腿上，还生气地对我说，你看我腿干什么，我今晚特意涂了口红，你都没注意到吗！

看到了看到了，别闹了，我们回去好不好？我哄着她。

不好！我涂口红很丑吗？

谁说的！靓爆镜好吗！

那为什么他要把我甩掉，为什么偏偏要今晚啊！明天分也行啊，为什么要在我涂口红的时候分啊？你知道吗，我做了半个月兼职才买的这管口红。我就是想在今晚高冷美艳地虐死那些单身狗啊！

她把头埋进膝盖里，肩膀一起一伏。

她在哭。

我天不怕地不怕立志要把淘宝爆款穿出国际范儿认为止痛药和金霉素可以解决一切问题的阿宝，在哭。

我心疼得痉挛起来。

开心果不会让你掉眼泪

我抱着她，故作轻松地说，幸好你们分了手，不然我就是那个被你们虐死的单身狗啦！

她哭着笑了出来。

我遇到一个有趣的女孩儿

不知折腾了多久，走出清吧的时候冷风扑面，她跑到马路边抱着一棵树剧烈地吐起来。吐完整个人都挂在了我身上。我拖着她，走得很吃力。还是打了电话叫Z来。

一见到他我就忍不住笑起来。

圆顶礼帽。西装。皮夹。大号的鞋裤。竹杖。嘴边一撇滑稽的小胡子。实在很像。

笑什么，再笑我打你。他凶巴巴，然后脱下外套帮阿宝披上，蹲下来把阿宝背了起来，动作倒是挺温柔。

不就失个恋，至于嘛。

你不知道，她涂了口红。

你不说我还以为她跑去吸那男的的血了呢，怪吓人的。

算了，愚蠢的直男，估计一辈子都无法理解这种小女生情怀。

已经接近午夜了，居然还有独自出来遛狗的少女，狗狗耀武扬威地对我们吠了几声，然后趾高气扬地走掉了。月光把我们每个人的影子都拉得长长的，喧嚣后沉寂的夜色冲撞高处街灯的蛾。

舞会好玩吗?

好玩。碰到一个很有趣的女生。

哦?

她穿着一件大得过分的黑色风衣,和一双细跟凉鞋,脚趾头有一点儿零落的指甲油。带着一个佐罗面具,走过来跟我跳舞。但她一句话都不说,我说话她只是点头或者摇头,总之就是很酷。

哈哈,喜欢上人家了?

我觉得她可能喜欢上我了。

自恋! 人家连话都不跟你说一句呢。

可是,跳到一半有人撞了我一下,当时比较乱吧,反正我一转身她就不见了。我怎么找都找不到,不过我在我口袋里翻到一张纸条。

哇,写了什么?

你绝对猜不到。纸条上说她在舞会厅第二个窗口给我放了一个礼物。

什么礼物?

一个复古小木盒。

里面是什么?

还是一张纸条。

不会吧?

纸条上说真正的礼物在我们学校第三阶梯室那个废弃

开心果不会让你掉眼泪

的储物柜第三排第六格里。

会不会是在玩你?

我觉得不是。而且这个女生一定是我们学校的。

我真是受不了他那嘚瑟样。

这家伙到底喝了多少啊,真够沉的。

对了,我最近在想你说的那个零增肥冰淇淋的事,我觉得吧,你是不是可以写个计划书什么的……

不是吧罗妮!

他瞪着眼睛不可思议地看着我。

难道你不知道,根据热力学相关定律,温度不可能低于零下237.2摄氏度。亏你还是跟物理课代表谈过恋爱的人呢。

别拦我,我要掐死他!

我就是想着这个美妙的计划才放纵自己和阿宝吃完了整盒巧克力!

排除法不好玩

Z在企鹅上Q我,说把礼物取出来了,是一条深蓝色领带。

"我刚好需要。"他说。

我有点儿不好意思,因为上次社团聚餐时正是我不小心把肉汁溅到他的衣服上。

"盒子后面有一行英文字。"

"嗯哼？"

"You fit me better than my favorite sweater."

"啊哈，谁眼光这么独特？"

"我周公子还是很有市场的。"

他还发了个贱贱的害羞的表情过来。

我回了他一串省略号。

"不过，我想找到她。"

"啊？怎么找？"

"藏礼物的那一格就是我大一时候的储物柜。"

"搞不好是碰巧呢。"

"哪儿来那么多碰巧。连这个都知道，肯定是我们学校的，可能就是我们级的。"

"我们级女生有很多啊。"

"白痴，肯定还是我们社的啊！"

对哦，化装舞会是凭社卡入场的——这样一来，范围就小了很多。

"可是，也有可能是她是跟我们社里的人借了卡进去的呢？"

那边不说话了。

过了很久他才说，"假设她是我们社的。我们社一共有二十四个女生，那晚一共有四个女生没去，你，阿宝，奈奈，小颜。"

"还剩二十个，也很难排除啊。"

"当中有九个有'男票'。"他发了个名单表给我。

"这你都知道？"

"我做了功课啊。"

看来他真下定决心要把那个风衣女孩儿揪出来了，他是那种很不屑于八卦的人。

"有男票就不能暗恋你了吗？"我找茬。

"这样不好吧。"附了个坏笑的表情。

"不过我觉得能喜欢上我的女生人品不会太差。"

我忍不住翻了个白眼，把键盘敲得噼啪啦响。

"你怎么不说喜欢你的一定是白富美？"

"你没发现吗，你总是下意识地把对自己不利的因素排除掉。"

他不接我茬，继续说："她跟你差不多高，可能比你高点儿，偏瘦。可以排除阿娇和安敏这俩高妹了。"

"还有甜甜和小诺这俩胖妞。"

"这可是你说的。"

"小庄喜欢老K人尽皆知。"

"Jane不可能喜欢你。"

"对了，她是长头发。"Z补充。

"那就不考虑Zoe了，她两个月剪一次头发。"

"可惜了，我一直觉得Zoe很漂亮。"

好了，现在只剩四个了：伟茵，管鱼，阿花，

Candy。她们都跟我差不多高，偏瘦，都是长发。再也排除不下去了。

刚好这时阿宝醒了，喊饿。

"我可以找找别的线索。"他说。

"她不一定是我们社的。"我重复一遍，然后下线了。

想来想去，我和阿宝还是决定去全家吃个便当。阿宝莫名其妙不知从哪儿找来了一副墨镜戴出门，不过是出门吃个饭，我连鞋都没穿，就踩着人字拖，虽然外面有点儿冷。

"我眼睛肿成那个鬼样，那么丑怎么见人啊？"

"没事，有大长腿就够了。"

"屁。要是不小心碰见那个混蛋呢，免得他以为我没了他多凄凉似的。"

阿宝心心念念的混蛋没碰上，倒是在全家遇到了Z。他拿着手提电脑上在上网，桌子上放着一大杯关东煮。

他眼神古怪地扫了我一眼，也可能是在看阿宝的大长腿。

再开放的女孩儿也可能是暗恋资深玩家

最近我们话剧社的人都忙得人仰马翻，因为十二月在上海艺术中心有个公演，接着是大学城的圣诞狂欢表演，再接着是学校的元旦晚会。Z刚升为社长，更是忙成狗。

他跟话剧老师三观不是很合，剧本改来改去，人变得愈发沉默。

昨晚他难得更新了条动态：老子不改这破剧本了，爱咋咋地！睡觉！

时间是晚上十点四十，那时阿宝才刚从外面回来，带着鲜艳的口红和滚烫的麻辣烫。话说回来，阿宝是越忙越来劲儿的那种人，她在剧里是扮演一个恃靓行凶的拜金女，她最喜欢模仿赫本那句："I don't want to own anything until I find a place where me and things go together. I'm not sure where that is but I know what it is like. It's like Tiffany's."（我不想拥有任何东西，直到我找到一个地方，我和我喜欢的东西在一起。我不知道这个地方在哪里，但是我知道它像什么样子，它就像蒂凡尼。）我怀疑她又开始新的约会了，因为她洗澡的时候总是发生哼着歌。

我睡过了头，手机闪着信息提示。

"风衣女孩儿又出现了！"Z连用了几个惊讶的表情，这可不多见，这显示他激动到一定程度了。

"那你抓住她啊。"

"她绝对是我们社的！"他秒回。

"老大，说重点，我好困。"

"猪啊你，还是昨晚做贼去了？"

"你又不是不知道，这几天我们都在忙话剧啊，班里还一大堆作业。"

"昨晚我剧本还没改完我就回去睡觉了，今早六点我就爬起来去话剧室。发现剧本居然改完了！"

"神奇哦。"我揉着发痛的眼眶。

"拿去给老师看，也过了。"

"恭喜。"我实在懒得多打两个字了。

"是'双十一'那晚那个风衣女帮我改的！"

"做梦呢吧你。"我也来了点儿精神。

"剧本上有一些手写体，我拿那两张字条对比过了，字迹一模一样！一定是她！绝对是她！"

"那，你知道是谁了吗？"不知道为什么，我也开始有点儿紧张起来，心跳快得厉害。

"嘿嘿。"他卖起关子。

"我昨晚差不多十一点才走。社里一共三把钥匙，我一把，阿宝一把，还有伟茵一把。"

答案，已经很明了了。

伟茵在身高体型头发都符合，而且她本身就是那种时尚的舞会女孩儿，原来看起来再开放的女孩儿也可能是暗恋资深玩家。我心里居然有点儿失落，也许是没想到这么快就有人收了这个闷骚男。

"我今天刚好穿了正装，我决定系着她送的那条领带去见她。"

"可以想象，衣冠禽兽嘛。"

"她眼光挺好。"

难得见他由衷地称赞别人。

我爬下床，换衣服准备去学校。还是烟粉色毛衣吧，我实在喜欢这件。它温暖，舒适，耐穿，一点点野性自由的质感，迎合我对一件毛衣的所有需求。

衣柜里静静挂着爸爸的那件黑色风衣，是爸爸最昂贵的一件衣服，双排扣，夏洛克同款。我和爸爸都是《神探夏洛克》的死粉，一部片重复看了好几遍。我离开家来上海读大学时，他把这件风衣塞进了我的箱子里，说就让这件风衣陪你在异地过冬吧。都说女儿是父亲上辈子的情人，我从初中就时不时偷穿我爸爸的衬衫和西裤，坐在沙发上模仿他皱眉思考的样子。想长大，想远走，想变得强壮，又想变得妩媚，甚至想拥有他眼角笑起来细细密密的小皱纹。

那天晚上，我去了舞会。一眼就看到了打扮得滑稽的Z，其实，我只看到了他。

我想着，我戴着面具，他应该不会认出我吧。于是鼓起勇气走过去请他跳舞，只想好好享受一支舞的时间，用力瞪着眼睛，想把每一秒都刻进脑海里。可能就是太专注太紧张了，才会被人群挤走。然后接到了阿宝的电话，电话她浓重的鼻音。

我爸从小就跟我说，字是门楼书是屋，五岁就开始教我练书法，两种字体对我来说不过小菜一碟。

爸爸，我想，我再也不会穿这件风衣了。

受够了牛顿和他那个苹果了

走到三楼听到楼下有人喊我的名字，是Z。

"罗妮，你知道吗，在科学领域中，单位的命名方式是非常个性化的。"

我停下脚步，低头看下去，他的头发在阳光的照耀下是金色的，很好看。新领带跟我想象中一样很衬他。但我还是不知道他到底想表达什么。

"比如，一'牛顿'是使用一千克质量产生一米每秒平方的加速度所使用的力量。"

老天爷，他该不会是物理老师派来报复我的吧。我还以为上了大学就能够彻底摆脱物理了呢！简直不能忍！

"有病啊你！我讨厌牛顿，尤其讨厌牛顿第三定律！"

"我知道，你早就受够牛顿和他那个苹果了。"

"第一次见你，我说我最崇拜的人是牛顿。你问我，既然牛顿说引力跟质量成正比，那为什么瘦子比胖子更具吸引力？我以为你很聪明，不过你还是露馅了。"

他到底在说什么？

"你和阿宝去全家那次，你穿着人字拖，你脚趾头上的绿色指甲油出卖了你。

我想告诉你的是，一'周森'指的是在没有在酒精刺激和灯光蛊惑的情况下，我遇上你所产生的爱情。"

修女与志明

砖

1

老李敲了敲我的桌子。

"啊?"

"你们昨晚去我们宿舍楼干吗?"

"没有啊,你看错了吧。"

老李用他那小眼睛鄙视地盯着我。

好吧,事情是这样的。

昨晚晚自习结束后,我和修女人手一根烤肠一杯奶茶夜游校园,探索了一条人迹罕至的校道,接着准备打道回府。由于从来不曾通过这条路回宿舍,所以我们在黑暗中依稀辨认出一栋状似女生宿舍楼的建筑物,不多想便往上直冲。

不料，刚爬上二楼，我们就嗅到了空气中躁动的气息。

我耳朵灵，不无怀疑地问："我怎么好像听到了男生的声音？"

修女在我旁边大大咧咧地说："你拉倒吧，宿姨一天到晚神经过敏，还敢放男生进来？"

话音刚落，楼上突然响起了男生的声音。隐约还听到一个宿姨说："……不能打牌抽烟啊，被发现要记过的。"

我们原地呆滞了几秒。

然后修女说："哇，你别说，宿姨的胆还真大。"

紧接着，又一群男生的声音清楚地从宿舍大门传来。我猛地会心一击：不是宿姨胆大包天，而是我俩压根就进错了宿舍楼啊！

上也不是下也不是，事到临头，只有跑了！

于是我俩像做贼一样，打算遛过二楼的十个宿舍，然后通过尽头那条人迹罕至的楼梯下楼。如果那些男生乖乖待在宿舍里的话，我们就万事大吉。

但是修女这个大色女！她竟然还有空对着门上的洞朝里边瞄上几眼！

"鼠王……我看到一个身材好好的……"

"你小点儿声！"我怒目而视，转念一想，我都还没见过男宿舍呢，来都来了。于是用嘴型无声地问她："在哪儿啊？"

我们就这样停在挂着207牌子的宿舍门口，踮着脚，打算一窥究竟。

就在这时，令人措手不及的事情发生了！207的宿舍门好死不死地突然开了！随之而来是一声大吼："哈！"把我俩吓得一激灵！

而发出叫声的肌肉男看到我们那一刻的惊诧程度并不亚于我们。

大眼瞪小眼十秒钟后。

"……你是半夜出来发功的吗？"被他喝到魂飞魄散的修女弱弱地问道。

肌肉男猛地回过神来，嘴角一勾，身子一转，对围坐地上目瞪口呆的室友们说："嘿嘿，我好像吓到女孩子了。"

完了！暴露了！看着群起而来的207男生，我拉着修女就跑，"如狼似虎啊！你还问啥啊！"

肌肉男在我们背后朝着我们喊："喂！我是318班的蔡志明！欢迎你们再来207做客啊！"

跑都来不及，做你个大头啊！

他不说还好，一说隔壁几个宿舍的男生们闻声出来起哄："来205！""208宿舍欢迎你们！""210……"

我们赶紧顺着那道阴暗的楼梯亡命奔跑，伴着那群高三男生的笑声。

跑出楼梯后，我们长出了一口气。幸好我们班的那几个男生不住在二楼，否则我们名声不保。

结果我们下一秒就看到了三个光着上身的男生正蹲在楼梯口旁的空地，张大了嘴巴看着我们。

他们正是我们三位亲爱的男同学：老李、香妃和波比。

修女在我旁边颤抖着问："鼠王，我现在捂脸跑还有用吗？"

老李听到了，手上握着的两张来不及藏起来的游戏牌掉了出来。

2

"算了吧，我已经跟香妃他们说别说出去了。"老李说。

"好兄弟！"我十分感动，拍拍他的肩膀。

"所以你们没事去男生宿舍干吗？"

"那你们没事蹲在楼梯口干吗？"

"围赌。"

"扫黄。"

谈话戛然而止，因为我看到了一个人。

不就是蔡志明嘛，我告诉自己，冷静，冷静。

他怎么知道我们在这儿的？

我从手边抄了一本书遮了遮我的脸，朝老李努努嘴："你认识他吗？"

老李循着我的视线望了望门口，淡淡地说："哦，高三师兄，香妃的表哥。"

"香妃竟然有这种器宇轩昂的表哥啊，啧啧。所以他杵在那干啥？"

"不知道，他昨晚跑下来问你们是哪班的。"

"所以……你们说了？"

"……"

我差点儿要把手上的书拍到他脸上，"你还说要帮我们保密！你行啊你！"

"我怎么知道你有没有占人家便宜啊，我还是要厚道一点儿。"

蔡志明被我们这儿的动静吸引了过来，一下子认出了我，又一个歪嘴笑，然后朝我酷酷地摆了摆手算打招呼。我本来想装不认识，但好像又不太礼貌，于是无精打采地给了他一个皮笑肉不笑的勉强笑容。

老李说："人家快高考了，你别笑得那么丧。"

也对，于是我重新给了蔡志明一个春风满面、福至心灵的微笑。这反倒把他吓得不轻。

他东张西望地好像在找谁，我问老李，他说，找香妃吧。

于是我们把香妃轰出去。

香妃又迷迷糊糊地回来了。

修女被叫出去了。

"哦……"我和老李相视秒懂。

3

时光飞逝，直到高考倒计时五十天的时候，我们学校组织了一个喊楼活动。

我们是高二（18）班哦，也就是说，我们要喊的是高三（18）班——蔡志明那班。

想起这个，我看了一眼修女，她面带羞涩。

我根本不想说这短短几十天发生了什么，比如蔡志明请修女喝奶茶啦，比如蔡志明找修女要联系方式啦，比如蔡志明晚自习找修女去倾吐压力啦，反正他俩暗戳戳的事情不胜枚举。

什么，我有没有？

我也就蹭了顿饭而已，毕竟那天蔡志明生日，我被修女拉去和他们宿舍六个男生一起去校门口的大排档吃了顿海鲜。

回来我就过敏，真气人。

4

喊楼那晚，月光如水，微风舒适。

不知谁先开了个头，大家纷纷靠到窗边。各班都关灯，黑灯瞎火地开始尖叫。然后从一班开始，每班喊一遍口号。

这时候正对面射过来一束灯光。我望过去，有一个人举着手电筒乱晃。而他们班里的人突然大声起哄。

我以为这是对面的什么招式呢，于是对全班说："咱们大点儿声，在气势上战胜他们！"

于是每个人铆足了劲儿，喊出了我们振奋人心的口号。

我们开了个头后各班开始喊各自的口号，气势恢宏。

过了一会儿，对面突然有人扔下一张纸，这一张纸很快就点燃我们心中的狂放的小火焰啦！盼了好久，终于盼到这个环节！

"撕书啦！"我high到边跑边跳。

课本、试卷纷纷从窗口落下，像下雪一样纷纷扬扬。大家开始不断鼓掌和叫喊，两栋楼之间的空地，开始被雪白覆盖。

"我们有什么好撕的？"

"《南方日报》！《南方日报》！"

"社团宣传单！"

"数学试卷可以不？"

"喂，试卷明天要评讲啊！"

"广告单！"

"草稿纸！"

"我们撕细一点儿扔下去才好看！"

"香妃我去你的不要老扯我的作业本！"

"……"

后来在广播不断的警告下大家才渐渐散去，只是放眼望去，白花花一片。

干事在高二各班各派了几个同学下去捡垃圾。不过等我们下去时，发现有很多高三学生自愿下来清理垃圾，包括……蔡志明。

我边捡边和蔡志明聊天。

一开始还非常客气。

"你……你……你复习到哪里啊？"

"还好，稳步进行中。"

但其实我们对彼此心里藏着的某个人心知肚明。

扯了一会儿话之后，蔡志明突然似笑非笑地看着我："话说师妹我想起来了，你们那晚究竟为什么跑到我们宿舍门口啊？"

我发现一旁鬼鬼祟祟的老李也机警地竖起了耳朵。

这么多次当着修女的面不敢问，为啥来为难我！

开心果不会让你掉眼泪

最后我只能绞尽脑汁，艰难地从牙缝里挤出一句话："因为那晚……只是你俩的一场梦。"

说完我拖着鼓鼓囊囊的垃圾袋就跑，一路吸引了无数群众的目光。

分别时蔡志明要我告诉修女，今晚在班里等他，他要带她走走。

我说，我可以不传话吗？

他问，难不成你喜欢我？

我对着他狂笑而去的背影踢了八百下。

5

我发誓，如果我预知到会有这样一个夜晚，那夜，我一定不会和修女夜游校园，我一定瞪大眼睛看清楚哪一栋是我们的宿舍楼，我一定拽着修女一直走不让她和蔡志明一见钟情，我一定……

我一定不会让自己落到这么一个尴尬的境地——偷偷跟在蔡志明和修女两人十米后当一个不知是不是偷窥狂的护花使者。

当我把蔡志明那带有垃圾味儿的真情告白告诉修女时，修女羞答答地表示要我和她一起去。

我去干啥啊！我去蔡志明还不得用肌肉夹死我！

"鼠王……"

算了，要是蔡志明突然狼变怎么办，走吧走吧。

蔡志明身材比较魁梧，手臂上的肌肉也很结实。相比之下修女非常瘦弱，走在路上，啊！美女与野兽。

"你在干吗？"夜色中突然有一个头在我旁边闪闪发光。

"哇啊啊啊啊啊！"我连忙捂住自己的嘴，"你咋在这儿啊！"

老李刚想说什么，就被我大拍胳膊："你……你……你……你看蔡志明的手！"

抬眼望去，蔡志明正侧着脸和修女说话，修女肩膀也轻轻地一耸一耸，似乎被他逗得忍俊不禁。清凉的银辉也温柔地笼罩着他们。

但是！绝不能因为场景美好就掉以轻心！

眼尖的我看见蔡志明的手从修女背后缓缓举起，手掌就快拢到她的肩膀。

我突然想起我此番被撒狗粮的最初目的，修女那羞涩又带着隐忧的神情深切地浮现在我眼前。这种时候我不冲出去还有谁冲出去呢？

即使真的会被蔡志明的冷眼杀死，我也豁出去了。

"前面的帅哥美女，你们好！"

我感觉两人闻声回头。

"呀，今晚月色好好，你们俩出来散步呢？那个，我看了今天的皇历，男女不宜接触，啊哈哈。"

"那你的手在干什么？"我听见蔡志明的声音问我。

于是我看了一眼自己的手。

千不该万不该，说话的时候右手习惯性搭在老李的肩膀上。

6

"你俩先走，"佯装淡定的我朝修女和老李挥了挥手，"我和蔡志明说件事儿。"

待他们走远后，我们眼神对峙许久。

最后绷不住的我终于别别扭扭地问："你们刚刚在聊啥？"

没想到蔡志明很爽快地回答了："我们在聊今晚啊。唉，你知不知道你很讨厌，我两次告白都被你搞砸，算上刚刚，我真是很冤。"

"你居然要告白？"

我终于知道今晚他打算干什么。

原来那束手电筒是他射过来的，他打算在全校的见证下，吼一嗓子。他还让同学起哄造势，告白即将呼之欲出。

结果被我带领的口号硬生生地堵了回去。并且从此全场被我带跑，各班开始不按顺序出牌，胡喊乱叫。

计划A失败，他又亲手折了一只纸飞机，打算从对面射过来。

"你怎么可能射到我们教室？"

"试试看嘛！大不了放学带她一块儿来捡！"

结果被我误以为撕书环节提前开始，又带领全校哗啦啦扔纸。

"还有你刚刚玩的那叫什么把戏？"蔡志明好气又好笑地看着我。

"防止你狼变……"

"啥？"

恼羞成怒的我突然从心里陡生出一股不耐烦，"不知道！现在剩下五十天，你以为你能耐啊？大学呢？如果在一起，大学她怎么办？"

蔡志明没想到我会用这种语气说他，一时语塞。

紧接着是漫长的沉默。

我开始后悔自己多嘴。毕竟现在孤男寡女站在这偏僻校道上，蔡志明把我抓去煮了都没人知道哇！

不知过了多久，他开口了。我以为他会故意凶我怼我嫉妒多管闲事，结果他只是面无表情地看看手表，"快十点半了，走吧。"

我只好跟在他屁股后头走。走着走着又抬头说："再等等吧。"

"等什么？"

"再等等吧，就像有些事情不需要一下子有结果，有些人也不需要此时此刻就攥在手里啊。"

"你当你演言情剧呢？给我走快点儿。"

7

回到宿舍后，我捕捉到修女脸上探询的意味。

我嘴里塞满小鱼干，口齿不清地说："我俩进行了一些探讨，最后得出的结果是不走快点儿我们会被宿姨抓。"

我看着修女失望透顶的样子真是恨铁不成钢，只好趁熄灯后在她耳边悄悄说："大灰狼还是挺喜欢你的，安心啦。"

她一下子又开心得跟个孩子似的。

唉，大灰狼和小白兔。

那天晚上我们究竟为什么擅闯狼窝啊。

"快快快，鼠王，今晚注定是个不眠之夜。"六六激动地拉着我就往走廊跑。

我听到了此起彼伏的"高三必胜""师兄加油""师妹你也是"等等喊叫声，当然还有宿姨几乎被淹没的"安静啦，安静啦"的声音。

8

高考结束了。

修女抓着手机，踌躇着该不该打电话给他。

"你给我准备明天小高考好吗！"

她犹犹豫豫，按亮屏幕又等它暗下去。

自从那晚以后，蔡志明只给她发了一条信息就闭关读书了。

她倒是整天心心念念，找各种理由去高三那儿偷偷看他。每次和他目光交错，他总是冲修女眼睛一眨，修女又害羞得脸一红，而我，在旁边翻白眼内心独白：你能好好读书去吗，没事冲良家少女放什么电！

修女当初拿着手机问我他的信息什么意思。

"高考之后等我消息。"

"就是现在先别鸟他让你们俩彼此静静，一切高考以后再来。"

结果这就是"彼此静静"的方式。

我敢情还是一颗耐力持久的电灯泡。

他们俩倒挺有趣的，高考前他最后一次留校那晚，修女派我给他送高考祝福。

"为什么是我？"

"你把我的心送去。"

"……我真是受够你们了。"

我捧着修女一颗看不见摸不着的"心"去找蔡志明，顺便一表高考祝福。

"谢啦，祝你考3A啊！"蔡志明客套了几句。

"嗯，祝你也考3A啊！"

"……你是不是找抽？"

六月二十五号中午，修女的手机显示收到来自蔡志明的一条短信。

短信是他的高考成绩，成绩下面很简短，三个字。

"我等你。"

"啥意思？"修女又跟我请教。

"意思就是，他运气不错没考糊，问你看不看得上他。"

"那我要回他什么？"

"你问你自己，别老来问我啦。"

我走到走廊，老李正在那晒太阳。

"阴差阳错，有时候也是一种缘分啊。"我在阳光下，舒服地眯起了眼。

"……"

"你没有什么话要说吗？"

"我还是想知道，那天晚上你到底去男生宿舍干啥？"

"那我还是想问你，你们到底蹲在楼梯口干啥？"

"围赌。"

"扫黄。"

他会陪我等天亮

陈小艾

我是他的软肋

陶冉气喘吁吁地跑到我跟前时，我正在咖啡厅里戴着耳机看刚更新的美剧，她"砰"地一下把我面前的笔记本电脑合上，大口喘着粗气跟我说："沈依曼，你居然还有心情在这里追剧，你知不知道林潼川找你找得都快疯了？"

我没接话，看了下手机屏幕上的十八个未接来电，收拾好东西跟着陶冉走出了咖啡厅。明晃晃的大太阳挂在天上，我扬起手遮了遮刺眼的光线。

"曼曼，你去哪儿了？我在到处找你啊。"林潼川从不远处急忙跑过来。

"有什么事吗？"我瞪大眼睛反问他。

"曼曼，我错了，你早上打电话时我正在帮同学搬宿舍，手机放在桌子上真的没听到。"林潼川一脸认真地对着我解释。

"哦。"我淡淡地回了句，然后背着包往宿舍楼走去。

林潼川就那么一溜小跑地跟在我身后，不断用宠溺的语气讲"曼曼，我错了"。这一幕引得身边不少过路的同学侧目，一向在校园里叱咤风云的林潼川只有在我面前才会服服帖帖。

一向优秀出众的林潼川站在人堆里是惹眼的存在，身边自然少不了莺莺燕燕、花花草草的围绕，我知道他被很多人看到，被很多人喜欢，但我确定他只安安静静地属于我一个人。

我跟林潼川在一起一年零两个月，期间争吵、分手过无数次，每次他都是先低头认错的那一个。在遇上他之前，我曾以为漫长余生都会一人伶仃地度过，可是他来了，给我暖洋洋的庇护和宠爱，并且让我在这段感情里一直稳操胜券，确定他不会走。

众目睽睽之下我让他出了第二次丑

遇上林潼川实属偶然，那天我上选修课走错了教室，闯到了林潼川他们班的课堂上，慌乱中打翻了他装满热水的杯子，在他的一阵哀号中，我跟他成了那堂课的焦点。

我至今仍记得他举着红肿的胳膊要我对他负责的情景，我瞪了他一眼，抱着书本走出了那间教室，关门的一瞬听到教室里忍了很久终于爆发出来的笑声。

骄傲如林潼川，从来没有遭遇过这种漠视，后来他告诉我，当他眼睁睁地看着我连一句关心的话都没留下就甩手走开时，他便暗暗下定决心一定要给我一点儿苦头吃。

再次遇到他是在学校的食堂里，我在甜点区排了好长时间队，好不容易准备买下最后一块抹茶蛋糕时，林潼川从一旁窜了出来，赶在我前面把蛋糕买走了。

"喂，你干吗插队！"我有些恼怒地朝他喊。

"你先为你那天碰倒热水杯子烫伤我的事情道个歉吧，道完歉这蛋糕就送你了。"他在一旁嬉皮笑脸地说。

我没理会他，准备转身走掉时想想又觉得不甘心转身从盘子里把蛋糕抓起来抹到了他脸上，于是众目睽睽下我让他出了第二次丑。旁边有人给林潼川递过去纸巾，看着他气急败坏地擦脸的样子，我居然很不厚道地"扑哧"一下笑出声来。

围观的人越来越多，可是下一秒林潼川居然做出了一个我难以理解的举动——他一把抓起我的手，把我拉到怀里，笑着对周围的人说："大家都散了吧，我跟我女朋友闹着玩呢。"

待围观的人群散去后，我有些错愕地挣脱开他，"那次不小心撞翻热水烫到你算我不对，你别跟个狗皮膏药一样黏着我了行吗？"

他笑笑，没吱声。只是那时的我没有想到，没过多久之后，我竟真的成了他的女朋友。

一场猝不及防的表白

林潼川好像铁定了心要黏着我。比如他会跟我挑选一样的选修课，会在我回寝室的路上忽然从身后冒出来假装偶遇，会在我吃早饭时恰好出现在隔壁桌，会在我因为棘手的小意外手足无措时忽然出现为我解围，他总能恰到好处地降临在我的生活里。

虽然对他的几次出手相助表示感激，但我还是不习惯天天被他"盯"着，所以在他连续第九次在早饭时间出现在我隔壁桌时，我端着盘子坐到了他对面。

"我为我之前的两次无心之举向你道歉行吗？求你以后别再跟着我了。"我一副认真的样子。

林潼川低着头认真吃饭，并没有立即理会我，吃完手里的茶叶蛋他不紧不慢地擦擦手，笑笑对我说："我跟着你不是想让你道歉。"

"哦，该说的我都说了，只是希望你以后别再跟着我了。"我端起盘子准备换到一旁的餐桌上。

"沈依曼，我喜欢你。"并不算嘈杂的食堂里来回穿梭着这句话，一旁的林潼川起身认真地注视着我。

这表白来得猝不及防，我一时惊愕得说不出话来，半晌才挤出一句"林潼川，你疯了吧"，末了，又加了一句，"之前的事算我做得不对，你别这样整蛊我好吗？"

他没再说话，只是抓起我的手穿过围观的热闹人群往食堂外跑去。我边跟着他跑边在想，这家伙不会来真的吧，该不会之前的都是铺垫，很快便会有一场盛大的表白仪式等着我吧。

事实证明我想多了。他拉着我一直跑到男生宿舍楼前的操场才停下来，清晨的操场上没有太多人，只有几个在坚持跑圈的同学。我跟他都累得气喘吁吁，他顿了下说，"沈依曼，我喜欢你，不是恶作剧，我是认真的，原本想给你一个难忘的告白仪式，但就在刚才我忽然忍不住想马上就告诉你了。"

我没吱声，我望了望一旁的林潼川，他高瘦挺拔，气宇轩昂，是很多女生心里标准的白马王子的样子，我好像没有什么理由拒绝他，只是这一切来得太突然，我没拒绝也没立即答应他。

"不拒绝也是一种答应。"林潼川兴高采烈的样子就像个孩子。

后来，我问过他，身边簇拥了那么多追求者，为何独独看上对他不太感冒的我。

他没有立即回答我，只是在后来对我说，他觉得我身上有很多跟别的女生不一样的特质，我对于他来说就像一颗巨大的谜团，降临到他生活里，在他揣着好奇心准备来我世界里一探究竟时，慢慢喜欢上了我。

就像一根恣意惯了的藤蔓，终于找到赖以攀缘的墙壁

林潼川的出现打破了我对大学生活的规划，曾经我最鄙视的就是大学校园里只知道卿卿我我的小情侣，好像对方就是彼此的全世界。那时的我从未想过依附于任何人。

林潼川对我生活的意义就像是一根恣意惯了的藤蔓终于找到赖以攀缘的墙壁，从今我不必时刻想着如何躲避汹涌人群的横冲直撞，他一直就在那里，我可以靠在他肩头做个踏实甜美的梦。

跟他在一起的日子虽然没有惊天动地的大事发生，但他一直坚持用各种琐碎的小事来证明他爱我。我开始对他生出越来越多的依赖。

我向来是安全感很缺失的人，总觉得心头有一个缺口，很难被填满。遇上他之前，我像个暗夜里忙于泅渡的人，目光所及之处只有彼岸，无心于身旁的风景。但林潼川让我觉得这一切不一样了，曾经内心的偏执与孤寂，都化作内心的春雨，湿哒哒一片，那里很快便繁花似锦。

在林潼川之前我曾用五年时间艰苦卓绝地喜欢过一

个男生，我为了他，在中考前拼命冲刺考进全市最好的高中，高考后考来北京，我从一百二十斤矮而微胖的平凡姑娘出落成体重两位数的瘦高个儿，身边开始有不少男生给我塞情书。但我心里清楚，我曾经迈出的每一步的初衷都是因为他，只是，他的城堡，我进去过，里面的花开了，我却看不到了。

他叫杜航。我十五岁时认识他，他是高我一届的学长，曾经我想为他长大，为他怒放，我以为终有一天我会与他走入诗与花的生活，成为他的新娘，可是在我二十岁那年，他身边终于有佳人在侧，却不是我。

那年我确定再也无法拥有他。

曾经有很长一段时间，我都不能听他的名字，那两个字像是一把烈火，将我那几年的青春连同那场煞费苦心的暗恋烧得寸草不生。在那之后，我在很多人眼里都是寡淡清冷的女生，好像不会再有第二个人能让我焕发神采，因为我在杜航那里失掉了整颗心。

可林潼川让我觉得我失掉的那颗心又完完整整地回来了。

有他在，就是我爱这世界的理由

我的无理取闹和坏脾气林潼川好像总能全盘接受。我们在一起后吵得最凶的一次，我埋头走在深秋的大雨里，包里的电话一直在响，我并不理会，只是一路边跑边哭，浑身都湿透了，他找到我时我冻得瑟瑟发抖。他把外套脱下给我披上，用力抱紧我，一个劲儿地说"对不起，我错了"。

很久以后，我早已记不清那次我们争吵的原因，只记得他宽阔的臂膀里深深的温暖。

身边不是没有人有过疑惑，像林潼川这样闪耀的男生为何会甘心囿于我这片天地，为我欢，为我忧，对身边这些探询似的目光，林潼川并不在意，继续揣着一颗热气腾腾的真心全心全意对我。

大三那年的期末考试，我有两门专业课考得十分差，由此带来的后果便是我失去了原本到手的保研名额，那个燥热的炎夏，我哭得上气不接下气。的确，在当时的我看来，我原本顺遂的人生都因为这件事变得坎坷泥泞，对于未来的恐惧层层叠叠地笼罩着我，前路茫茫我不知下一步该停靠到哪里。

林潼川除了给我适时的安慰和陪伴外，二话不说陪我去考研自习室占了座位，陪我选学校查资料联系学长，彼时他已经拿到保研资格，我知道他只是不想让我觉得孤单无助。备考的那半年是大学四年里最漫长的一段时间，这一路不时有原本并肩作战的同学放弃，考研自习室里的人越来越少，到最后偌大一间教室已经没剩下多少人，我却在他的陪伴里越来越心安，一点点确定眼前的光亮，制造着不久后繁盛的可能。

　　我用半年时间来向命运索要礼物，事实证明，命运也没辜负我，在那个阳春三月里我收到了考研学校的面试通知，并在不久后顺利等来了那张录取通知书。

　　毕业前夕，校园里离愁别绪渐浓，我们忙着跟不同的人告别，生活好像不得不在此刻打上一个清浅的句点。但我们却在这兵荒马乱的告别里攥紧了彼此的手，那个九月，我们将赶往南方的同一所学校继续深造，未来的三年甚至更漫长的时光我们都将一路高歌，相携前行。

　　我忽然矫情地觉得，林潼川就像一个不经意地闯进我生命里的战士，为我冲锋陷阵，我最好和最坏的时光都有他陪我度过，他跟我一起穿过漫长黑夜终于等到天亮，心头的阴霾一扫而光，日光倾城。

　　迢迢岁月，漫漫余生，我开始确定，今后，他在我身边，就是我爱这世界的理由。

开心果不会让你掉眼泪

倩倩猪

我没有哭，只是雪花进了眼睛里，化成了水。

情 书 遭 劫

罗翰远是我们学校最好看的男生，这个结论是我在开学典礼那天下的。

那天周二，阳光普照大地万物，我的闹钟居然没有响，当我随意把校服套在身上，挎着书包啃着面包赶到教室的时候，全校师生都在中心操场参加开学典礼。于是我只能偷偷摸摸地朝着我的班级靠近，站在队伍的最后面，祈祷着班主任没有发现我。

校长站在台上叽叽呱呱地讲了一堆无关痛痒的话，然后是升旗时间，我站在队伍后面朝走过来的国旗手瞄去，七个穿着校服的男生整齐地踏着正步。

为首的那个男生举着国旗，我的角度只能看到他的侧脸，光线透过飘逸的国旗洒在他脸上一片阴影，浓黑的眉毛，深邃的眼睛，坚毅的鼻梁，轮廓分明的线条，这绝对是我见过的最好看的一张脸。宽松的校服隐约显出他骨瘦的身材，真是一套活生生的衣服架子，这是我第一次看见有人能把校服穿的这般高端大气上档次。

后来我打听得知，那个男生叫作罗翰远。

爱屋及乌，我连着觉得我们学校的校服也好看了起来。

宋庭白是我的同桌，一个不太讨喜的同桌，话多得要死，老是亲啊亲地说话，像是淘宝店主似的。我本来就不太喜欢这个同桌，可没有想到他多管闲事的本事真是超乎了我的想象。

下课时间，隔着两个班距离的罗翰远跑来我们班把我喊了出去，我有点儿意外，还未来得及开口，宋庭白就呼哧呼哧地从我们班跑了出来，对着罗翰远就是一顿咆哮，"罗翰远，谁让你来我们班找蓝又又了？"

罗翰远一点儿不吃惊，直接忽略过宋庭白看着我，深情款款地说："蓝又又，我给你的情书看到了吗？"

"什么？"我有点儿懵，情书，什么情书，难道罗翰远给我写情书告白了？可是我压根没有收到过啊。

宋庭白转过身看我，一副拯救我于水火之中的模样，他耐心地给我解释："蓝又又，罗翰远给你的情书被我拦截了，他不是什么好人，你相信我，我这都是为你好。"

"宋庭白，你是不是有病啊！"见过多管闲事的，没有见过宋庭白这种多管闲事的，要不是罗翰远今天找我，我想我这辈子都不会知道，我喜欢的男生给我写过一封情书，而我们差点儿因为宋庭白这个白痴错过对方。

我理所当然地接受了罗翰远的告白，远离了宋庭白那个白痴。我告诉班主任，宋庭白上课老是找我讲话，严重影响了我的正常学习，我要求把他调走，宋庭白因此被调到了讲台旁边的位置，独门独户。

放学后，宋庭白懒散地走到我的位置上，我正在收拾书包，看着他那贱贱的表情我就忍不住晒下幸福，我说："宋庭白，你干吗？找我报仇吗？我告诉你，翰远马上过来接我放学的，你不要乱来。"

"蓝又又，你会后悔的。"宋庭白说完就走了，我被他那最后一个眼神吓住了，坚定不移地认为我会后悔的样子，我撇撇嘴，我才不会后悔，罗翰远那么优秀，错过我才后悔。

安慰完自己后，我忍不住打了一个寒战。

物 以 类 聚

在我和罗翰远谈恋爱的日子里，宋庭白几乎没有出现过，就算在一个班里碰到了也不打招呼，我理解为他还算是个识相的人。

罗翰远对我很好，早餐给我带热腾腾的小笼包，体育课给我准备原味奶茶，就连例假来了他也会贴心地给我备好热水和红糖。

这种好来得让我措手不及，长这么大除了我爸我妈，没人肯花这么多心思去照顾我的情绪。放学后我在教室里等罗翰远来找我，等了半个小时，他也没来，最后等到了他的短信，他说，今天家里有事就不和你一起走了。

我有点儿失望，回了短信，嗯，没关系。

宋庭白一放学就不见人影了，没想到这会他又折了回来，他一本正经地问我："蓝又又，罗翰远呢？"

"回家了。"我出了教室也打算回家的，宋庭白突然握住我的手腕，一脸的义愤填膺，"走，我带你去个地方。"

我想拒绝宋庭白的，可我发现他的力道大得惊人，我根本挣脱不开，于是只能被强拉着出了校门。我不情愿地在后面跟着，声音里不自觉地带了哭腔，"喂，宋庭白。"

"怎么了？"宋庭白甚至没有回头看我。

"你抓疼我了。"我差点儿哭了，宋庭白才放开我的手，我看着手腕上一道道的红印，轻轻揉了揉亮到宋庭白的眼前质问道，"你看你干的好事……"

宋庭白没有看我，我顺着他的视线方向望去，才看到对面的英才书店里的两个人，罗翰远和一个女生，他们十指相握地在选教材，女生不时地凑到他耳边低语，然后两人不约而同地笑了起来。

"这……你……"我看着完全处于意料之外的情境，瞬间有点儿站不稳，宋庭白及时扶住了我，我竟不知道该说些什么话来打破这种尴尬。

最后，我拉着宋庭白离开了"案发现场"，选择了一条回家绕很远的路走，走着走着，宋庭白说："其实你刚可以拆穿他的。"

手腕上的微痛一点点顺着我的血管抵达我的五脏六腑，里面翻滚着绞痛着，我终于忍不住哭了出声，一出口竟是："宋庭白，谁让你多管闲事的，我有说过我想看到这种真相吗？"

宋庭白没有说话，一路上都是我的喋喋不休，我接过他递过来的卫生纸，吸了吸鼻子，宋庭白，你知道我为什么那么喜欢罗翰远吗？因为在他给我递情书之前我就已经喜欢上他了，他穿着校服站在旗杆下升国旗那天我就喜欢他了，我小心地保护着我的秘密，生怕被别人偷窥了去。我从来没有奢望过他会注意到我，更加不会想到他会喜欢我，宋庭白，你知不知道，两个人相互喜欢的概率有多低，被我这么幸运地遇到了，我有多小心翼翼。

"蓝又又，假象不等于幸福。"宋庭白送我到家的时候，天已经黑了，顾忌到我哭红的双眼，我不敢进去。宋庭白没辙，只好带我去附近的公园卫生间里，洗了把脸，我才慢慢地缓过情绪。

宋庭白说："我和罗翰远有十年的交情，他什么人我最清楚了，我拦了他的情书，还是拦不住你们的缘分。"

我惊，"你们认识这么久，你这样帮我，不怕他怪你兄弟没得做？"

"不会。"宋庭白再次把我送到家门口，挥了挥手给我留下个英勇的背影，我不知哪儿根筋不对，朝着他的背影喊了句："物以类聚，那你也好不到哪里去吧。"

我不知道宋庭白有没有回我，因为我的那声河东狮吼成功地把我妈引了出来，她打开门就是一阵嘀咕："女孩子家家的，在外面声音这么大也不怕丢人。"

我吐了吐舌头，蹿进了家门。

同时向两个女生表白

翌日，我顶着两个熊猫眼进了教室。

宋庭白坐在讲台旁边，一看见我便问："亲，你昨晚熬夜在劈竹子吗？"

"竹子不好吃，我整夜冥思你这白嫩嫩的'唐僧肉'味道如何。"我伸出一只手，戏谑地从宋庭白白白嫩嫩的脸上划过，然后笑着回了座位。

上午连着三节语数外，上的人直接疲惫不堪，所幸最后一节课是体育课，我连着打了几个哈欠。体育老师坐在阴凉处抽着烟，让我们在太阳底下跑个一千五百米然后解散，我拖着散了架似的身体在操场上踽踽前行，宋庭白跟着我也降了速度。

"亲，午饭要不要我给你加餐，'唐僧肉'千年一次哦。"宋庭白想故意逗我开心，可我一想到午饭要和罗翰远一起，就希望时间就此静止吧。

我为难地看了看宋庭白，"你说，我等会儿是装作不知情呢，还是不知情呢？"

宋庭白一副恨铁不成钢的模样啧啧了半天，语气里极尽讽刺，"亲，你脑袋进水不可怕，现如今进水银就麻烦了。有些事情不告诉你是为你好，可你这般冥顽不灵神仙恐怕也救不了你。"

"那你干脆都告诉我，让暴风雨来得更猛烈些吧。"我慢吞吞的还是跑完了一千五百米，擦着额头的汗也找了个人少的阴凉处坐下了。

我拍了拍坐在旁边的宋庭白，一脸的你就好人做到底吧的表情看着他，"说吧。"

"这次的确是他不对。"这么个开场白让我一下子心蹿到了嗓子眼，静静地听宋庭白讲故事，"罗翰远他同时向两个女生表了白，这事目前只有我一个人知道，没想到的是两个女生居然都答应了。"

"呀呀呀……"我若有所思了一会儿，想过无数种罗翰远和那个女生在一起的理由，唯独没有想到，我们竟然一起做了他的正牌女友，多讽刺！

刚刚还太阳当空照花儿对我笑，下一秒便下起了倾盆大雨，我和宋庭白躲在一棵大梧桐树下，我拿出手机给罗翰远发了条短信，我们分手吧，我都知道了。

罗翰远没有回复。

中午我们没有去食堂吃饭，宋庭白冒雨带我去校外炒了几个小菜，都是我的最爱，酸辣土豆丝，千页豆腐，紫菜蛋汤。

我吃了几口便吃不下了，我问宋庭白："你说他们现在是不是在一起吃饭呢？"

宋庭白心疼地看着我，"他不值得。"

下午我就感冒了，在课堂上喷嚏一个接着一个，昏昏欲睡地挨到了放学。我站在教室门口，甚至希望罗翰远能像平时一样来接我回家，看来生病的人心理果然比较脆弱。

放学后也没见宋庭白人影，我便一个人先走了，半路上宋庭白从后面急匆匆地追上了我，"亲，你干吗不等我？"

"有点儿不舒服，刚也没看见你人。"我脑袋沉沉地走在前面。

宋庭白突然打开书包，里外三层翻了个遍，然后递给我一板开过了的感冒药，"以前的，也不知道过期没，你将就着用吧。"

我接过药，无语地瞪了宋庭白一眼，"抠门。"

失误失误

到家后我直接瘫在了床上，脑袋有点儿不省人事，爸妈不在家，说是去参加哪个远房亲戚家儿子还是闺女的婚宴，我一般不操心这些事也不太关注。

醒来后看了看墙上的挂钟已经晚上八点钟了，我踩着拖鞋去冰箱里寻找食物，居然空荡荡的冒着冷气，我捂着咕咕叫的肚子在想要不要出去吃，罗翰远的电话号码神奇般的在我的手机屏幕上忽闪忽闪的。

我犹豫了五秒，还是接了，故意装作漫不经心的口气，"有事？"

"我在你家附近的药店，你要不要出来下？"肯定是宋庭白那个大嘴巴告诉他我生病的消息，要不然会这么巧？

"不了，我马上睡觉的。"我说不清原因，我只是现在还不想见他，他毕竟这样地戏弄了我，我还在生着气。

挂了电话，我终于舒了口气，好像一下子烟消云散了，我又想起我的肚子来于是给宋庭白发了条短信，要不要陪我出去吃点儿东西？

宋庭白很快地回复，亲，想吃什么？

我很想回宋庭白是不是还包邮到家，想了想我还是出去透透气，再说孤男寡女共处一室也会遭人说闲话的，尤其是我们这种尴尬的学生身份，于是我回，我想吃手抓饼和麻辣烫。

我一边换衣服一边等着宋庭白的短信，结果他居然回了两个字，俗气。

我承认我有点儿小激动，衣服穿了一半忙着回短信，心里憋屈，哪里俗气了？好吧我就俗气，我就是天下第一俗人蓝又又，可这又怎么样？我开心就好，于是我打字的手都被气得有点儿颤抖，眼睁睁地看着我在"我喜欢"后面不小心带了个"你"字，然后按了发送。

我天，宋庭白要是误会我喜欢他我还不如离开地球去火星生活算了，我赶紧补了一条短信，最后一个字打快了不小心跟出来的，应该是，我喜欢。

宋庭白陪我买了手抓饼以后，我们一起去了一家味道棒极了的麻辣烫店，我点了满满一碗的青菜和丸子，没有要主食。

尽管这样，宋庭白还是没忍住打击我的身材，"亲，别的女生七点以后都不会再进食了，你看现在都快九点了，你吃这么多不怕胖死？"

我一边咬着丸子一边斜睨了他一眼，"我饿啊，我晚上没吃饭，再说我是病人多吃有助于身体快速康复。"

"强盗逻辑，哪有病人吃这么辣的？"

出了麻辣烫店，宋庭白送我回家，他什么都没有吃，反而对我吃的这些路边摊嗤之以鼻，多脏啊，地沟油，不知道什么做的丸子，蓝又又你居然还喝汤。

我傻笑，不干不净吃了没病。

宋庭白还想说什么来着，突然盯着站在我家门口的人愣住了，是罗翰远，说实话，这种情况碰面最尴尬的是我好嘛，就在一个小时前我还撒谎已经睡了的。

我该如何解释宋庭白现在送我回家的状况？

不对，我干吗要解释。

不 说 憋 屈

"我是来道歉的。"罗翰远说完就撤了，毫无诚意的道歉，我不知道他是因为看见我和宋庭白在一起才这个态度，还是本来也没有所谓的歉意。

宋庭白小心地观察着我的反应，我心里顿时升起一股无名怒火，"搞什么啊？整得像我逼他来道歉一样。"

我说完，发现宋庭白的脸色不对，像是偷了腥的猫被现场活捉一般，我试探性地问："难道是你叫他来的……"

"蓝又又，你听我解释，我只是……"宋庭白怎么还是这么喜欢多管闲事呢？他不知道这样我更难堪吗？

我抛下一句"我先回去了"就进了家门，甚至懒得去听他的解释。

第二天是星期五，我和宋庭白一整天都没有讲过一句话，我心里暗自不爽，男生要不要这么小气，我不就是生了下气吗？我当然知道你是为我好，多哄哄我会死吗？

我甚至还暗暗发誓，如果放学前宋庭白都没有要理我，那么我就一辈子不会再理他了。

放学后，宋庭白像是感应到我的毒誓一样，讪笑着走过来问我："亲，周末有没有时间？"

我假装生气，不理他，宋庭白你说三次我就会理你。

"喂，蓝又又，周末有没有时间？"依旧不理。

"……"宋庭白认真打量了我一下，转身欲走，我才不情愿的低低开口："干吗？"

"原来你耳朵没有问题啊？"宋庭白假装很惊讶，然后又自顾自地说着："我还准备去帮你找医生呢。"

我被宋庭白逗笑了，一边走一边问："周末干吗？"

"有一件特别重要的事情告诉你。"

宋庭白的这句话困扰了我整个晚上，我辗转反侧怎么都睡不着，重要的事？会是什么呢？现在对我最重要的事应该都和罗翰远有关吧，难道宋庭白得知了什么最佳机密？

胡思乱想是女生的天性，只是我怎么都想不到，周末宋庭白居然带我逛了一整天的书店和公园，买了我最爱吃的麻辣烫和手抓饼，临近分离也没说什么事情。

因为和宋庭白在一起的时光真的很开心，让人不知觉地忘记悲伤，忘记初衷，所以分道扬镳之后我才想了起来，重要的事情还没有告诉我呢？

天啊，宋庭白你这个健忘鬼！

回家后，我妈在厨房里做晚饭，我爸在书房看报，我打了声招呼便默默地进了卧室，宋庭白送的哆啦A梦玩偶不能被他们发现。

宋庭白说这是我的生日礼物，我无语，我生日还早着呢，宋庭白就说提前送不行啊，我没辙，默默地收下了。

我把房门反锁后，一个人在房里翻箱倒柜的想找个合适的地方把哆啦A梦藏起来，短信嘀嘀地响了，是宋庭白，他说，亲，你是不是有种被耍的不爽感？

听听，宋庭白的话为什么说出来就有种欠揍的感觉，我配合地回了条短信，的确，最重要的事还没说呢，然后在后面跟了一个括弧，里面写着抓狂，以表示表情。

"我喜欢你，真的。"

我的天啊，我盯着宋庭白的短信足足看了十分钟后，脑子才反应过来，他是在表白啊！我轻轻地敲着键盘，编辑了一条短信，宋庭白你是不是发错了？然后我想想不行，删了重新编辑，宋庭白我不喜欢你啊。

最后，我编辑了好多条短信，但都一一删除了，我突然发现，面对宋庭白这个对我那么好，无时无刻给我带来快乐的开心果，我竟然不忍心去伤害，所以我什么都没有回，果断的关机当作没有看到。

如果第一眼看见的是宋庭白

后来班里见面，我和宋庭白对此事都缄默不言，仿佛没有发生过一样。

直到平安夜那晚。

我一个人在外面逛着热闹的街道，买当晚包装后昂贵的苹果，看着夜空飘舞的小雪花傻笑，假装在和罗翰远过今年的第一个平安夜。

我没有喊宋庭白，自从知道了他的心思，我开始有意地避讳两人单独见面。

嘀嘀，不用看就知道是宋庭白的短信，他编辑了很长很长一段，"我喜欢你，真的。罗翰远写了两封情书时，我看到了其中一封署名是你的名字，我特别生气，我甚至拦了你的情书，可是当你知道这封情书存在的时候，你眼睛里有光，欢喜的模样让我不忍告诉你真相；你淋雨感冒了，我很内疚不该冒雨带你出去吃饭，你整个下午都在咳嗽，我便一放学就去给你买药，当然我不会告诉你我是特意买给你的，我拆了包装然后扣掉了一半的药假装漫不经心地给了你；蓝又又，你还记得你发给我的那条'我喜欢你'的短信吗？你不知道我有多希望那就是发给我的完整短信，我甚至编好了回复你的短信'我也喜欢你'。"

我不知道宋庭白是以什么样的心情去告诉我这一切的，但我不可否认的是，当我看着这些他为我做的事情时，我已经站在雪地里泪流满面了，我只能轻轻地站在原地呢喃："宋庭白，对不起，对不起……"

宋庭白，如果在开学典礼上，我第一眼看到的升旗手是站在罗翰远斜后方的你，你肯定看起来比他更好看，你肯定穿着校服的样子一样迷人，我肯定会傻傻地义无反顾地喜欢你，那么一切都会不一样的对吗？

只是这些美好的假设，宋庭白，我不能告诉你，它将是我青春里唯一的秘密。

我没有哭，只是雪花进了眼睛里，化成了水。

盛夏的大雨淋不湿少年的天空

盛夏的大雨淋不湿少年的天空

陈小艾

等雨来的少女

如果问梁羽芊最喜欢的季节，她一定毫不犹豫地说是夏天。在她印象中，每年一到夏天，天气总是说变就变，前一秒可能还是晴空万里，后一秒说不定就电闪雷鸣、大雨如注。

梁羽芊的爸妈在学校对面开了一家店，平日里卖些炒饼、炒面、凉皮、肉夹馍之类的小吃，每到中午放学的时候就会挤进来好多学生，生意非常红火。梁羽芊之所以喜欢夏天，是因为她注意到只有天气不好时林一川才会来店里买午饭。

一到下雨天，店门口总是挤满了撑着五颜六色雨伞的学生，梁羽芊总会努力搜寻那把淡蓝色格子伞，因为那下面是她爱慕的少年。

梁羽芊在实验中学念高二，林一川是高三（5）班的学生，她从入学开始，便同身边很多女生一样，将炙热的目光投到林一川身上。只是因为平日里两人没什么交集，梁羽芊没正儿八经跟林一川说过话。

林一川家离学校不远，一般中午他都骑着那辆拉风的山地车回家吃饭，除非天气不好的时候他才会留下来。

每天上午的最后一节课，梁羽芊总是有些心不在焉，她总是一边听着课一边偷瞄窗外，并在心底暗暗期待一场突然而至的大雨，这样中午林一川就能被"困"在学校里了。

在她无数次的暗自祈祷之后，那天中午临放学时天空忽然雷霆大作，没多久一场痛快的大雨便浇了下来。放学铃声一响，她便撑着那把嫩黄色的雨伞撒腿往自家店里跑去了。

当时店里还没有多少人，她不顾爸妈的诧异，将靠窗的座位留了出来。林一川跟同学过来的时候已经挺晚了，在这之前梁羽芊拒绝了多个企图坐那个靠窗座位的同学，将那个位置守得死死的。

林一川端着点好的饭菜四处环顾找座位的时候，梁羽芊起身朝他招手喊："这边！"

他在落座后抬眼对着梁羽芊说了一声"谢谢"。

仅这一句，她都觉得心底那头沉睡的大象好像醒来了。

好像他身后被风带起的灰尘都在跳舞

梁羽芊没奢望林一川会因此记住她。可是，当她真的在校园里又跟他迎面遇上，他眼神里却没有流露出一丝熟悉之感时，她还是听到了自己噼里啪啦心碎的声音。

那天早操结束后，梁羽芊跟班里几个女生结伴往教室走，正好遇上抱着篮球赶去上体育课的林一川。他只顾着往操场跑，丝毫没有注意到她，直到她鼓足勇气喊了一声"林学长"，他放慢脚步侧过头来，她却忽然泄了气，瘪瘪嘴挤出一句："没什么。"

他抱着篮球继续往远处跑，她怔在原地看到被风带起的灰尘好像在跳舞。

梁羽芊觉得有点儿纳闷，因为最近几天虽然天天都是晴天，但林一川却每天中午都会出现在她家店里吃午饭。她虽然好奇，但心里还是偷着乐，甚至瞒着爸妈自己制作了一个大大的桌贴，上面写着"此座已占"，为林一川预留了靠窗的专属座位。

就在她用同样的方式第五次帮林一川占了位之后，他终于开始注意到她。他端着满满一盘刚点的饭菜，在闹哄哄的氛围里笑着对她说："谢谢你，不过以后不用刻意留座位啦，我不是经常在这里吃午饭，最近我妈出差了，她马上就回来了。"

梁羽芊的脸上飞过一坨红晕，就像小心翼翼隐藏的心事一下子被戳中了一样。身边原本在忙着吃饭的学生中有不少人开始起哄，有人甚至吹起了口哨，梁羽芊在爸妈往这边看过来之前红着脸跑开了。

在那之后很长一段时间，林一川都没有再来店里，再一次见到他是在体育课上。当时他们两个班一起上体育课，梁羽芊全身上下没一点儿体育细胞，加上从心底排斥运动，所以八百米测试她连着测了一学期都不及格。

体育老师拿着花名册皱着眉头说："全班就梁羽芊和赵萱萱的八百米测试不及格了，除了她俩，其他人都可以自由活动。"

在身边的同学们都跟兔子一样撒欢儿散开时，梁羽芊被体育老师安排跟赵萱萱一起围着操场跑圈。

她觉得有点儿难为情，因为赵萱萱是个将近二百斤的胖姑娘，跟她一起跑步，的确有点儿显眼。

果真就在她们围着操场在体育老师掐着秒表不断的"加油""提速""冲刺"声中跑完十圈后，梁羽芊两眼一黑栽倒在地上。而林一川就是在这个时候出现的。

中间发生了什么梁羽芊已经不记得了，只记得醒来时第一眼看到的就是林一川那一口明晃晃的大白牙，还有他递过来的脉动。她拧开瓶盖，"咕咚咕咚"喝下，很快便又像满血复活了一样，对着老师要求重测一次。

只是很可惜，这一次梁羽芊依旧没合格，只不过她将时间差距成功缩短到了五秒。

就在梁羽芊懊恼地想该怎么面对体育老师那张气鼓鼓的脸时，身旁一个声音冒出来："老师，给我一点儿时间，我来陪她练习吧，两周后我保证她能及格。"

曾以为遥不可及的人，降临到了她生活里

林一川自告奋勇成了梁羽芊的陪练。他向来是运动场上的追风少年，所以指导她练习八百米自然不在话下，而她也在为他忽然降临到自己的生活里而喜不自禁。

那段时间，每天早上不到六点，梁羽芊已经被林一川拽到了操场上，他陪着她绕着操场一圈圈跑，看着天渐渐变亮。每天早上跑两千米，也就是正好五圈，一般到第三圈的时候梁羽芊已经累得不行了。那天她累得实在跑不动了，一边挪着步一边气喘吁吁地朝一旁的林一川喊："我不想再练了，不及格就不及格吧，我想放弃了！"

"胆小鬼，都坚持了这么久了为什么要放弃啊，再来！"那天林一川愣是逼着梁羽芊比平时多跑了五圈，跑完时梁羽芊已经累得浑身都要散架了。

这时早读上课铃声响起，林一川跟她挥手告别。梁羽芊看他走入晨光里，觉得他周身好像都在发着熠熠的光。

梁羽芊当然没有放弃，两周后的八百米测试她不仅及格了，成绩还不错。林一川在终点处等着她，与她击掌相贺。

课后从操场回教学楼的路上，梁羽芊心里忽然有一点点失落，因为她知道，今后他们又该回到各自的生活里去了，而林一川高考在即，更是没有时间花到她这样一个不太熟的朋友身上。

想到这里，她清了清嗓子，喊住了林一川："林学长，今天中午请你去我家吃午饭吧。"

林一川迟疑了一下，点了点头。

那天中午，林一川又坐到了梁羽芊家店里那个靠窗的位置上，只不过这次梁羽芊坐在了他对面。在周遭探询似的目光里，他们吃完了那顿午饭，梁羽芊甚至有一瞬间的失神，不久前她还觉得离自己遥不可及的人，此刻居然坐在了对面，他们有说有笑地吃完了一顿午饭。

多亏她又坚持了一下，才没有从他世界里逃走

高三很忙，忙到林一川一头扎进自己的生活里，梁羽芊就遍寻不着。

可梁羽芊觉得自己的生活开始改变了，确切地说，是从林一川在体育老师面前承诺一定会让她八百米测试及格那一刻开始变了的。

比如，她不再像以前那样在上午快放学时盯着天空出神，也不再在中午放学时站在自家门口在人海里努力捕捉林一川的背影，而是每天中午一放学她便小跑回家，拿透明的餐盒装上两个热气腾腾的肉夹馍和一份凉皮，不放香菜，多放辣椒，她清楚地记得他的口味。

梁羽芊第一次捧着餐盒出现在高三（5）班教室门前时，她觉得自己的心脏都要飞出来了。那时林一川班的教室里已经没有多少人，她从门缝里看到他还在伏案疾书，好像是在解着什么难题，眉头紧锁，就在她犹豫着要不要敲门时，有人走了出来，对方狐疑地打量着她。

她怯怯地说了句："麻烦帮我叫一下林一川吧。"

"林一川，有人找！"对方朝教室里喊，尾音拉得很长。

等待林一川从教室里走出来的那段时间，她觉得像有一个世纪那么长，其间她甚至还有跑掉的冲动。直到林一川出现在门口时，她才定了定神迎了上去，把餐盒举得很高，头深深地埋着，就像个犯了错的小孩儿，"林学长，这是给你的午饭，没有别的意思，就是觉得前段时间你陪我练跑步耽误不少学习的时间，来给你送午饭让你节约出时间来好好复习。"

说完梁羽芊吐了吐舌头，这么一长串居然没有卡壳。

林一川接过餐盒，笑着打趣她："这一串儿背得挺溜儿啊，下了不少苦功夫吧。"她一下子就被他逗乐了，之前的拘谨和不安感全无。

她忽然对接下来的人生信心满满

在得到林一川的默许后，梁羽芊主动承担起为他送午饭的重任。她每天为他变换着花样，除了店里有的吃的，她还会亲自为他煎两个鸡蛋塞进饭盒。

在高三（5）班门口出现的次数多了，林一川的不少同学都认识她了。每次见她出现，班里同学都会提高嗓门儿喊他出来。

梁羽芊觉得她跟林一川之间那扇厚厚的门被推开了。他会将生活和学习中的苦闷跟她倾诉，在很多人眼里光彩夺目的林一川在她面前也是个会疲惫会无助的男生，她甘愿充当他的"树洞"。

那个六月，林一川顺利地走过了高考，拿了一个不错的分数，足以进入北京那所人人艳羡的学府。梁羽芊觉得心里一直悬着的那块石头落了地。

七月份各大高校的录取通知书从四面八方如雪花般飞来时，林一川作为优秀毕业生代表回学校给学弟学妹们讲授学习经验。

会场设在室外，进行到一半时原本晴朗的天空忽然下起了大雨，大家收起座位四散着往教学楼跑去，梁羽芊就是这时凑到林一川身边的。

她举着那把嫩黄色的雨伞为他撑起了一方晴空。

"恭喜你啊。"她仰头望着他，抚了抚额前已经淋湿的发丝。

"谢谢，高三最后那段时间多亏你陪我。"

夏日的雨来得急去得也急，没多久天便放晴了。就像青春，一转眼便呼啸而过。

雨停后大家又忙着重新布置会场，林一川整整衣服走上主席台继续跟大家做报告。雨后的校园里散发着淡淡的泥土的芬芳，梁羽芊眯着眼睛温柔注视着台上的翩翩少年。

青春的不可思议在哪儿呢？比如勇敢地揣着一颗真心走入一个曾觉得遥不可及的人的生命里。

林一川讲完下台前，往她这个方向瞥了一眼，她朝他伸了个大拇指，她为与他之间有着这样的默契和小秘密而窃喜。

他没说喜欢，她亦没提爱，但她却忽然对接下来的人生信心满满。

人人都爱胖大白

趴趴熊

1

自从那部叫作《超能陆战队》的电影上映后，我就火了，因为我不仅拥有一个与电影主角相同的身躯，我还拥有一个与他相同的名字——大白。

对此，我感到十分苦恼。

因为我知道，这份"出名"伴随的，并不是大家的喜爱，而是赤裸裸的嘲讽。

好比如说现在。

西瓜一脚踹开门，用大得可以穿透墙壁的音量喊道，"嗨，大白，快带上你的火箭臂去拯救世界！有两只狗在操场上打架……"

全班哄笑，那笑声在教室里回荡，像是洪水一样，一波一波地朝我涌来。

我能感觉到我脸上的热度，我想挪动一下，抬手捂住耳朵，却因为肥胖的身躯行动不便而撞翻了同桌辛苦垒起来的书堆。

书本砸落在地的响声，很快又被新一轮的哄笑声淹没。

我终于再也忍不住了，顾不得一路撞翻的桌椅板凳，迈着沉重的步子，夺门而出。

尽管《超能陆战队》从上映开始便票房飙高，我却没有丁点儿兴趣去观看。

那个时候，我恨透了那个叫作大白的机器人，因为它的出现，让我本来就引人注目的身躯更加引人注目。

2

我从来没有逃过课。

此刻，我蹲在学校对面那条小吃街上，吃力地望着校门口走来走去的门卫。距离上课铃响已过去半个小时，我依然没有勇气返回课堂。

太阳很大，蹲下的这个姿势对于我来说还是太过吃力，很快，我的下半身就开始充血发麻，汗水顺着我通红的脸颊滑落。我觉得头有些晕，想站起来，晃了两晃，我倒在了地上。闭上眼睛的前一刻，我看到了一抹淡绿色，清新凉爽，像极了麦当劳里卖的抹茶冰淇淋。

等我醒来的时候，已经躺在了学校医务室里。

医生拿着档案夹站在我旁边，跟护士絮絮叨叨地嘀咕着，才五月，怎么会有人中暑呢？

我重新闭上了眼睛。

是啊，才五月，太阳还不那么热，我怎么会中暑呢？

大概是因为——太胖了吧。

重新回到教室的时候，已经是晚上晚自习，班主任在班上踱来踱去。我敲敲门，拿着医生开的证明，昂首挺胸地朝自己的座位走过去，逃课这件事就这样不了了之。途中又不小心碰倒了别人的笔盒，哗啦声很刺耳，在静悄悄的教室里，没有人敢出声。

也唯有在这种时候，我才不用那么小心翼翼地迈着小碎步，生怕自己过于庞大的身躯又磕碰到什么东西。

恰逢数学老师拿着一摞卷子过来，跟班主任交换了一下眼神，班主任会意地走出路教室。她敲了敲讲桌，宣布临时测验。

班上哀号一片。

我拿着卷子，开始奋笔疾书，顺利完成最后一道几何题的那一刻，终于扬起嘴角。

坐在我斜后方的西瓜朝我扔了个求助的纸条，上面写着选择，填空。我犹豫了一会儿，还是将答案工整地抄在小纸条上。

我不知道我为什么会帮助西瓜作弊，我当时只觉得，他需要我的帮助，而我会的也仅仅只是考试而已。

恍惚间，我想起了晕倒前看到的那一抹清新的绿色，忽然觉得这一天，也不是那么糟糕。

3

数学老师向来都以效率高而闻名，第二天成绩就出来了，我毫无意外地拿了第一名，并在老师宣读分数时，踏着同学们艳羡的眼光走上了讲台。

然而，就在此刻，西瓜略显刺耳的声音穿透了教室。

"大白昨天考试的时候作弊了。"

我惊愕地望着西瓜，不明白，为什么他要这样做，明明昨天，是他向我求助的呀？

"老师，你看，这是他昨天丢给我的纸条。"西瓜说完，扬起手中的纸条，那上面，确实是我的字迹无疑。

只是，这并非事实的真相啊。

"大白，你解释一下，这是怎么回事？"数学老师目光锐利地盯着我。

我很紧张，一紧张就会不自觉地扫视四周，教室里，几乎所有人都以一副等着看好戏的表情望着我，我低下头，想说话，喉咙里却发不出一点儿声音。

"大白，你昨天到底作弊没有？"老师再次出声询问，声音里明显带着不耐烦。

我摇摇头，又点点头，庞大的身躯在讲台上局促地扭动着，一不小心，就摔了下来。划满红字的试卷扬起又落下，像是一张张网，将我死死地网住。

全班再次哄笑成一片。

这个世界真是充满了恶意，我躺在地上，泪水流进了嘴里，说不出的苦涩。

从那一天开始，我就生病了，高烧三天不退，差点儿吓到爸妈。

躺在医院的时候，模模糊糊地听到医生对爸妈说，由于肥胖，我的身体里蛰伏着很多未可知的疾病，如果再不加以注意，也许未来某一天，我就会被疾病吞噬。

我别过脸，想起了电影海报上的超人大白。

为什么同样的身躯，同样的名字，待遇却是如此不同呢？

4

再次见到那一抹清新绿的时候，我正在医院的后花园里散步。

阳光很好，我迈着我肥壮的大腿，艰难地踩在医院为病人铺建的石子按摩道上。每踩一步，我的脚就钻心地疼。我皱着眉，龇牙咧嘴，忍着痛，继续踩。

耳边陡然响起了一声清脆的笑声，不同于班上那些同学，这笑声，像极了春日里扬上枝头的第一声鸟啼。

我循着声音望过去，就看到了那抹绿裙。

"没想到又碰见你了。"

我眯着眼细细地打量，那绿裙子的主人，有一张细白柔软的面孔，一双琥珀色的眼睛在阳光下熠熠生辉。

我情不自禁地退后了一步。

那个女孩儿又笑了起来，"怎么了？我很可怕吗？"

草坪上我的倒影如同一座巍峨的大山，而她，则不过是一株小草。

"我怕吓到你。"我缩了缩脖子，语声嗫嚅。

"切，有什么好怕的，我觉得你长得很像大白，就是电影里那个。"女孩儿叽叽喳喳地说着，还欢快地在我身边绕着圈打量，感慨道："越看越像。"

一股无名火就这样窜上我的心头，大白，大白，又是那该死的大白，她下一句是不是就是，你怎么不去拯救地球？

我恼火地转身，想要离开，由于动作太过笨拙，脚下一滑，差点儿将那个女孩儿压倒。

"你……可真沉。"女孩儿费力地扶住我，让我站稳。她的手很烫，扶在我的手臂上，像是一块烙铁。

那温度，几乎要将我的脸烤熟。

"大白，你该回病房了。"护士远远地冲着我喊，这一喊，我的脸更红了。

"原来，你也叫大白啊。"女孩儿语声戏谑。

我垂下头，迅速地甩开女孩儿的手，用自己生平最快的速度奔回病房。我从来不知道自己有一天可以跑得这样快。

"哎，我们还会见面的哟。"女孩儿的声音顺着风飘过来。

那一天晚上，我的耳边一直回荡着女孩儿的这句话，整整一夜，我都没有合上眼。

5

住院一周，回到教室里，我果然又见到了那个女孩儿。

抹茶女孩儿越过人群，直直地冲我打招呼，那笑容甜得几乎要溢出蜜来。我的脸一下子又红了，只能低下头，匆匆地往自己的位置走去。

西瓜恶意地伸出脚，企图绊倒我，我瞪了他一眼，绕过他，没再理会。

"嗨，你怎么认识那个女孩儿的？"同桌凑到我身边，神色暧昧地问我。

"就这样认识的。"我低低地回答。

"她可是才转学来我们班的，听说家里特别有钱，成绩还特别好，没想到，长得也这么好。"

我埋头做着一周前落下的各种试卷习题，没有接同桌的话题，等到同桌觉得无趣，不再搭理我后，我才开始悄悄地打量那个抹茶女孩儿。

马尾，修长的脖颈，淡绿色的裙子，背影融在教室里，也是扎眼的美丽。

意识到自己的无理，我飞快地低下头，唯恐自己的眼神亵渎了那个美丽的身影。

作弊事件之后，数学老师决定重新临场测验，时间就选在了今天。

我像往常一样，摊开试卷，耐心地在草稿纸上演算各种答案，这一次，我多了个心眼儿，不再理会周遭的一切。当我胸有成竹地交卷后，忽然发现似乎有人在看我，抬头，就对上了抹茶女孩儿暖洋洋的笑容。

抹茶女孩儿走到我的课桌前，笑眯眯地说："听说你成绩特别好，我们来比比，看这次谁能拿第一，输的人要请全班吃抹茶甜筒喔。"

"他还能吃甜筒吗？哈哈哈哈哈……他就像一个快要爆炸的气球，还能吃吗？"西瓜闻言，肆无忌惮地开始放声大笑。

我原以为抹茶女孩儿会跟他们一起笑，正想离开教室，回避这尴尬的一幕时，没想到，抹茶女孩儿走到了西瓜面前，义正词严地说道："听说你总是拖这个班的后腿，不如这样，我们再加一条，如果你这次能及格，我们两个人每人给你买十个抹茶甜筒怎么样？反过来，你得给我们买十支。"

班上的同学纷纷起哄附和，西瓜的笑声就这样被噎在喉咙里，两只眼瞪得像铜铃。

我诧异地看向抹茶女孩儿，她却只是朝我眨眨眼，模样十足的俏皮。

我的脸瞬间又红了。

这一刻，我清楚地明白了一件事，抹茶女孩儿一定是上天派来拯救我的天使，我终于相信，在这个充满恶意的世界里，还是好人比较多。

6

成绩出来后，我和抹茶女孩儿并列第一，数学老师拍拍我的头，笑容欣慰。

西瓜则比较惨，依然没有及格，中午被大家架着去学校门口的麦当劳买甜筒，我和抹茶女孩儿不顾肉痛的西瓜，把甜筒分给大家，气氛愉快极了。

我想了想，又加了几块钱，给西瓜也买了个甜筒，他才稍微开心了一点儿。

抹茶女孩儿又用那种暖洋洋的眼神看着我，低声说道："大白，我有时候真的觉得，你像极了电影里的那个大白，为什么你不喜欢它呢？"

我笑着摇摇头，有些苦涩地回答："我不想做大白，我也不想跟它一样。"

抹茶女孩儿还想问什么，我却没有给她说话的机会，我大步地朝着学校走去。

我从来没有告诉过别人，我痛恨着自己的满身肥肉，我不想走在路上时被人注目，我不想被自己同班同学捉弄，我也不想让自己因肥胖而对这个世界心生怨憎。可是，我没有办法。

这个世界上有一种人，代谢几乎为零，所有维持生命迹象的能量，来源于我每天都要服用的大把大把的药片。我的身体，就像是一块千疮百孔的海绵，哪怕只吃很少很少的东西，也会比平常人更容易长胖，所以我很容易就晕倒，很容易就高烧不退……而这就像是一个恶性循环，越胖，越难行动，越会变得更胖。

我明白医生和父母的叹息，我也曾很努力很努力，可是，我没有办法。

就在我坐在学校后山大榕树下伤春悲秋时，抹茶女孩儿不知何时来到了我身边。

"大白，你知道吗？你是个很善良的人。"女孩儿的声音像是裹着丝绒般拂过我的心头，她毫不嫌弃地将手叠在我肉乎乎的手上，语调轻柔，"不如从今天开始，我陪你一起跑步吧。"

人生有时候也许就是这样需要打打鸡血。

无疑，抹茶女孩儿就是我的鸡血。

起初，我并不能跑多久，可是有抹茶女孩儿在一旁给我打气，我的心里就生出了无穷的动力。每天早上提前一小时到校，我开始跑步，每天中午吃完饭休息半小时后，我继续跑步，每天下午上晚自习之前，我还在跑步。

我开始用所有零碎的时间做着各种各样的运动，虽然我还是那么胖，但我分明能感觉到自己身体里有一股力量在缓缓充盈。

7

班主任通知我们班要代表全校参加省级高校大型模拟考试的时候，我正埋头跟抹茶女孩儿讨论着上一堂课数学老师留下的最后那道题。

同桌推推我，我才意识到，老师正看着我。

"大白，作为我们学校年级第一，你有责任和义务将整个班的学习气氛调动起来，这关系到我们学校的荣誉问题，你必须重视起来。"

我揉了揉耳朵，不确定地问道："老师，你说的是我吗？"

"对，就是你，大家还有什么问题吗？"班主任扫视一圈，没有人提出异议后，便踩着高跟鞋，走出了教室。

以西瓜为首，教室里瞬间炸开了锅，我愣愣地坐在座位上，脑子一片空白。除了考试，我什么都不会，我可以保证自己考得好，可是，我该如何让同学们都考好呢？

抹茶女孩儿拍拍我的肩膀，给我一个坚定的眼神，她的声音柔软地飘进耳朵，"我相信你，你一定能行的，我会帮助你的。"

不知道为什么，听到抹茶女孩儿的声音，我摇摆不定的心慢慢安静下来。

下了课后，我在抹茶女孩儿的陪同下，一起到老师的办公室了解情况，详细询问考试内容、科目，在老师的帮助下，根据我们班每个人的学习情况，制定了一份学习计划表。

我原想着，只要大家按着计划来，考试肯定没问题。事实证明，我将一切都想得太过简单。这不仅仅考验着我的学习能力，更考验着我的人际交往能力和领导能力。

很快，我就想打退堂鼓了。这份辛辛苦苦做出来的学习计划，大家不仅不配合，还将之看作笑话，西瓜更是过分地将那张表撕成了碎片，用行动对我进行挑衅。

我的脸涨得通红，有那么一瞬间，我想冲着西瓜来一拳，可是最后，我还是忍住了。

抹茶女孩儿这时再一次挺身而出，她握住我的手，高高举起，我听到她用铿锵有力的声音说，大家身为班上的一分子，理当为这个班级出力，这次全省模拟考，就算拿不到第一，大家也必须尽全力，否则，丢脸的可不仅仅是我们学校，更是我们这整个班级……

也不知是抹茶女孩儿太有说服力，还是大家真的明白了，这一次不仅仅是跟我个人的一次笑闹。

在那之后，大家都开始默默地配合着我和抹茶女孩儿。我们将整个班上成绩好的，和成绩不好的搭配分组，并且进行各种小知识竞赛，组与组之间再进行PK，我们还设计很多促进学习的小游戏，大家就在这样的氛围里，互相督促，互相进步。

我跟西瓜分到了一组，西瓜开始还是很抵触的，但在我一遍遍给他的作业纠正错误，给他用最简单的方式讲解几何题时，他终于放下了对我的成见，开始配合我，努力学习。

我依然每天都会抽时间去操场跑步，渐渐地，大家开始跟着我一起跑，我们一群人绕着操场跑了一圈，又一圈。操场的夕阳映照着我们的汗水，使之闪闪发光。这画面后来成了我心中久久不忘的美景。

省模拟考很快就到来了，我们每个人都信心满满地上了战场，挥毫作战。

走出考场的那一刻，我们都忍不住张开双臂拥抱对方，连西瓜都扑上来抱住了我。他费力地跳起来攀住我的肩膀，小声地在我耳边说了一句，对不起。

我望着天边灿烂的太阳，笑意从心底溢出来。

我终于明白，一直以来，不是这个世界对我充满了恶意，而是，我用恶意的眼光看待着这个世界。

8

这次模拟考，我们学校毫无疑问地夺得了第一。学校为了奖励我们，组织我们去学校放映室看电影。

我在看清电影海报的那一瞬间，停住了脚步。

学校即将放映的，就是前不久电影院下线的热门影片《超能陆战队》，我站在门口，进退不能。

西瓜他们早已在放映室坐好，我却迟迟不敢进去。

抹茶女孩儿看出了我的局促不安，拉着我的手朝里走，她的声音如同裹着丝绒，柔软地敲在我心上，她说，我看到这部电影的第一眼，就觉得你像极了里面的大白。大白温柔善良，一直用自己的方式关爱、保护着小宏。虽然它身躯庞大，内心却很柔软，就像你一样。

她说，你真的不记得了吗？很久以前，你曾跳下水，救过一个差点儿溺水的女孩儿……

我愣愣地望着她，模糊地想起了一些很遥远的事情，那时我跟着爸妈去公园玩，看到有个女孩儿失足掉进了水里。我当时也不知道自己哪儿来的勇气就跳下了水，因为肥胖的身躯在水面上浮力很大，我歪打正着地将那个女孩儿救了起来。上岸后，我就开始发高烧，那一次足足烧了一周，爸妈才重新放我出去……没想到抹茶女孩儿就是那个女孩儿。

抹茶女孩儿的声音还在继续，大白，你曾经救过我，所以我想留在你身边，帮助你。

我开始庆幸放映室里漆黑一片，这样，大家就看不到我烧红的圆脸了。

屏幕上，那只笨拙的大白正从箱子里爬出来，歪歪头，扫描着小宏，开始说，你好，我叫大白，你的私人健康助理，从1到10，你的疼痛指数有多少？

我忽然觉得，其实做个胖子也不错。

谁叫人人都爱胖大白呢？

盛夏的蝉鸣记得爱情未离开

张爱笛声

大白杨和大白菜

林念念居住的小镇有一个军训基地，每年夏天的时候，A大的学生都会在开学前半个月来基地开展军训。基地对面有一条街，小吃店居多，一到饭点儿整条街都热闹起来，林念念很喜欢趴在窗前看对面基地的大门打开，涌出来一批穿着绿色军装的男生女生们。

林念念的妈妈开了一家洗衣店，就在小吃街的尽头。平日里店铺的生意是比较冷清的，可是A大的学生们来军训的这段时间，她们家的生意就会火爆起来。

"阿姨，帮我缝一下裤腿，脱线了。"

"阿姨，这两天下雨，军装不能干，你帮我烘一下，不然得被教官批评了。"

"阿姨，我这衣服太大了，能不能帮我改小一点儿？"

……

林念念偶尔也会帮一下妈妈的忙，有时是帮着熨两件衣服，有时是帮着缝几颗纽扣。累活儿妈妈是不会让她干的，她今年高二，明年就要高考了，妈妈总怕影响了她的学习，几乎所有活儿都自己一个人包揽。林念念坐在店铺的角落里，捧着本书，眼睛却没离开过店里走进走出的穿着军装的大哥哥大姐姐们。她看着他们的时候，脑海里总会浮现出另一个人的样子，那个人穿起军装来，一定会比他们更好看吧？她想。

军训的第三天，大雨滂沱，一个男生撑着伞走进了林念念家的洗衣店。

"麻烦帮我把军装烘干了，我晚上要文艺会演，怕衣服干不了。"那是个高高瘦瘦的男生，站在林念念面前，像是一棵大白杨。不过这棵大白杨树身上挂着水珠，滴滴答答地落在地板上，他的神色也稍显狼狈。

林念念似乎感知到他的窘迫，不动声色地把吹风筒递给他，又新泡了一杯龙井，对他说："放在手里暖暖吧。"

她接过男生手里的袋子，把湿漉漉的一套军装拿出来放到洗衣机里，说："可能还是要晾一下才能完全干，不过晚上的表演应该是不会耽误的。"

男生感激地报以一笑，"没事，我就坐在这里等，晾干了再拿回去。"

那天下午，男生就和林念念一起坐在桌前喝茶、聊天，盛夏的雨下了一阵又一阵，雨停之后窗外梧桐树上的蝉不停地鸣叫，店里循环播放着那首《如果那天没有遇见你》，空气里弥漫着雨后的清香，室内的茶香。

天暗下来，林念念把晾干的衣服收了，笑着对男生说："祝你晚上表演顺利，加油！"

男生不好意思地挠挠头，他觉得眼前这个姑娘热热闹闹的，一双眼睛笑起来弯成月牙，长得白白净净，像是一棵大白菜，好看又有营养。

"谢谢你，我是A大的大一新生，来这边军训的，我叫苏高远。"

林念念一笑，"我叫林念念，念念不忘的念念。我今年读高二。"

"很高兴认识你，林念念。"

盛夏的清甜西瓜

苏高远第二次来找林念念的时候，林念念正在写信。她觉察到有人走近，慌忙地把信纸往书里夹，苏高远假装没看到，扬了扬手里的西瓜，"那天晚上我的表演很顺利，请你吃个西瓜吧，谢谢你。"

林念念不解，"你付了钱，我为顾客服务是应该的，不用请我吃东西。"

"那如果是我想和你交个朋友呢？"苏高远在林念念身旁坐下，"林念念，你平时应该挺孤独的吧？"

孤独？从没有人说过林念念孤独。她是个爱笑的女孩子，店里来了顾客她总是很热情，门口扫地的环卫工阿姨经过店门口时，她也会倒杯温水给她，和她聊会儿天。就连送快递的小哥，她也能和人家瞎扯个把小时。整条街上认识林念念的人都说她人好，学校里有男生和她表白，告白词也是：林念念，我觉得你是个很开朗的女孩儿，给人的感觉总是暖洋洋的。这样的她，真的会是孤独的吗？她有点儿诧异，却又有点儿被说中秘密的感觉。

"很多人都以为孤独是指一个人形单影只的，没有朋友，没有可以说话的对象。但其实不是，孤独是指一个人的状态。林念念，其实这几天我也有经过你们店，不过因为军训时间紧张，我也就没走进来找你，我每次见你的时候，你都是在发呆，好像在思念着谁一样。"

林念念脸一红，说："哪儿有啊？你可别乱说，要是被我妈听到了可得批评我学习不认真了。"

苏高远也不再继续说下去，把那个小小的西瓜往桌上一放，"喏，吃西瓜吧。今天高温预警，我们好不容易才有半天假，晚上回去可能还要加训呢。"

林念念把西瓜切成两半，递给他一半。苏高远挖下一勺西瓜放进嘴里，整个嘴巴都是清甜的味道，"真好吃。"

西瓜的味道都是相似的，可是不知道为什么，他就是觉得这个冰冻西瓜配上这个盛夏，连空气里都是甜甜的味道。想着，又挖了一大勺塞进嘴里。

"哎，你慢点儿吃啊，哪儿有人吃西瓜像你这样的，小心噎到啊。"林念念正想伸手去拍他的背，没想到下一秒苏高远真的因为噎着而喷出了一小口西瓜碎屑到林念念的脸上。

苏高远反应过来自然是愣了手脚，掏出纸巾往林念念脸上擦，嘴上一个劲儿地说着"对不起"，林念念看着他慌乱的样子，觉得又好气又好笑。

她才发现苏高远有一双很好看的黑瞳，他专注地看着她的时候，她觉得心跳似乎漏了一拍。

当爱已成往事

信是林念念写给前男友的。是的，林念念读初中的时候就早恋了。那年初三，她和一个叫裴冬的男同学谈了恋爱，可是男生毕业后选择了当兵，而她继续念高中，两人没什么时间相聚，于是林念念把自己所有的思念都写到了信里。

其实都是一些鸡毛蒜皮的小事，她在信里写：

"上周我在街上发现了一只被遗弃的小猫，当时它的腿受伤了，我就把它抱回家帮它处理伤口。我本来以为妈妈肯定不会允许我养宠物的，可是没想到她竟然没说什么。我给猫取名叫'花豆'，怎么样，听起来可爱吧？"

"隔壁店的李婶总是把自己家的脏衣服拿过来给我们帮忙洗，又不给钱，我真的好讨厌她。可是我和妈妈都不懂拒绝别人，再多不满也还是往肚子里咽了。"

"裴冬，你还记得我们初三时在学校后门种的那棵树吗？我昨天跑去看了一下，它竟然长高了很多，我原本以为它会活不了的……"

寄出的信，裴冬多半是不会回的。他觉得现在手机通话那么方便，为什么还要写信呢？可是他不知道，林念念在和他通电话的时候，总感觉双方的距离像是山与海。一个是在军营里每天忙着训练的新兵，一个是即将参加高考的准高三生，再也没有了共同话题，说起话来开始有了莫名的生分。两人都知道感情就是这样慢慢消磨掉的，从彼此尴尬干笑开始。但两人都不想承认，似乎只有这样才能证明他们之间的爱情不是泡沫，一吹就散。

差点儿被苏高远撞见的那封信夹在了数学课本里，信上写的是：A大的学生又来军训了，他们每天都穿着军装，我也好想看你穿军装的样子哦。是威武帅气，还是像个兵痞子？我想象了很久，也想不出来。

信还没寄出，裴冬就先说了分手。

大热天的，林念念却觉得心冷。恰好苏高远来找她，两人就约着一起去吃消夜。本想着用大吃一顿来排解自己的失恋悲伤，没想到却在大排档里喝上了啤酒，她从来都是乖乖女，只有这一次，她一边喝酒一边哭，直到天色已晚，苏高远送她回家。

林念念酒量浅，此时已经是半醉的状态，趴在他的背上，却没有停止过哭泣。

进家门前，苏高远拉住了林念念的手。她的手，冰凉凉的，触感却十分细腻，他心底涌出一种异样的感觉，不由得偷偷红了脸。她半眯着眼，似乎真是醉得不轻了，又似是还贪恋着刚才那背上的温暖，下一秒竟一头扎进他的怀里，双手紧紧环住了他的腰。

只是，她突然开口，却是一句：裴冬，你还是爱我的，对吗？

苏高远的不辞而别

半个月的军训很快结束，苏高远要离开小镇了。不是没有想过要和林念念道别，只是那晚她的那句话，已表明她的心底住着另一个人，或许他和她，命运注定就只能是萍水相逢一场吧？

大巴开出基地时，林念念突然出现了。她站在洗衣店的窗口前，看到一辆辆大巴驶离基地，她猛地想起，今天就是A大学生结束军训的日子！飞奔着出去，发疯一样追赶最后一辆大巴，她这才意识到，她对苏高远全部的了解，仅限于知道他的姓名，连他的手机号，她都不曾问过。

她当然没有追上那辆大巴，而且苏高远也不一定就在那辆大巴上，追上了又如何？

她回到洗衣店，呆呆站在窗口，凝望着对面的军训基地。生活好像又回到过去了，一切事情似乎都没有发生过，对面空荡荡的，那群穿着军装的男男女女不见了，苏高远不见了，就像他们从未来过一样。

蝉声渐弱，九月开学，林念念成了真正的高三生。原本以为要从失恋的阴影中走出来需要很长的时间，可是没想到，几场月考就把她搅得头昏脑涨，兵荒马乱。她很少会想起裴冬，倒是把高考目标定在了A大。为什么是A大呢，她也不知道。她只是一直做着这样一个猜测，如果她突然出现在苏高远面前，他是会腼腆得红了脸呢？还是会把她当作陌路人呢？不管怎样，她还是很想再见到他。

六月到来，尘埃落定。林念念顺利拿到了A大的通知书，而裴冬竟在这时休假回来找她，说要重新和她在一起。她轻轻摇了摇头，拒绝了。当爱已成往事，放手才会拥抱崭新明天，这个道理，她还是懂的。

A大的军训又开始了。林念念白天在对面的军训基地训练，晚上回到洗衣店帮忙，她家的生意依旧很好，每天都有很多同学把军装拿过来清洗，她也常常邀请一些女同学坐下来喝杯茶，聊会儿天。

她抱着试试看的心态，问那些女孩儿听没听说过一个叫苏高远的学长，她想，苏高远参加过文艺会演，又长得清瘦俊朗，应该会有很多人认识他的才对。可是很多人都摇摇头说不知道。

忽然，有个女生说，"哦，我知道，苏高远学长是吧？他是我高中的学长，去年他考入了A大，今年我也上了A大，还挺有缘分的。不过他休学了一年，现在好像还没回学校上课呢。"

"休学？"林念念瞪大了眼睛，"他为什么休学？"

"打篮球摔断了腿，要卧床休息三个多月，后来他家长索性帮他办理了一年的休学手续，他过几天应该就回A大上课了吧。怎么，你认识他？"

林念念摇头，又点头，只觉得心里那一年的思念，都像雪一样开始瞬间融化。

"你有他的手机号码吗？我想要。"她斩钉截铁地说。

"我这没有，但我回去问问以前的老师同学，应该能找到。"

往前一步春暖花开

结束军训，林念念回到了A大，开始了大学生活。

她颤抖着手拨通那个已经能默念出来的号码。

"苏高远，我是林念念。我现在在A大食堂门口，我想见你。我不知道你当初为什么不辞而别，也不知道你是不是只把我当陌生人……我在这里等你半小时，如果等不到你，我就明白了。"

她没说喜欢，亦没说爱与思念，但她相信，他懂她的意思。

十五分钟后，苏高远气喘吁吁地站在她的面前。"我不在学校，接到你电话才从外面赶回来的，我多怕赶不回……"

林念念望着眼前的苏高远，笑得灿烂，眼睛却带着泪花。爱情多是如此，往前一步春暖花开，往后一步万水千山。

她鼓着劲儿，迈开双脚，上前给了苏高远一个大大的拥抱。

"不问我为什么会来找你吗？"她问。

"不问。"苏高远拍拍她的肩膀，"因为我知道，你肯定是来加入我的余生的。"

林念念笑了，一头扎进这个温暖踏实的怀抱里。

梧桐树上的蝉，叫啊，叫啊，就像去年盛夏一样。

原来爱情，从未离开过。

西安：但我有梦的天真

李阿宅

小野，傍晚我们围着大明湖散步，盛夏时节的湖面平静无澜，满湖的荷花香气若隐若现飘荡在空气里。突然一场大雨降下来，我们躲在湖心亭里避雨，大概是实在无聊，你看着湖面划过的游船说，让我给你讲讲旅行中的故事。

其实那些有意思的故事早就在我们一场又一场的酒局中搜索枯肠了，可你还坚持说总会有新的故事经过时间的发酵后漂浮上来，我想了想那就给你讲讲从未说起过的与西安有关的故事吧。

关于为什么要去西安，我已经有点儿记不清了。

事实上，关于上半年发生过的很多事情在我脑海里都已经混沌成一片，我只记得那段时间内心极其动荡，很多个特别难熬的深夜在朋友圈里发过很长的消极内容，但是全都在隔天醒来之后迅速删除，好像越长大，越觉得赤裸裸地表达自我是一件特别羞耻的事情。

去西安几乎是在一瞬间就决定了的事情。上午冒出这个想法，中午简单收拾了一下行李，晚上九点济南直达乌鲁木齐的Z105次列车跨越三个省份第二天上午在西安停下。我没去看过生辰八字，所以不确定是不是命里带水，但我每到一个城市无一例外地都会下雨，西安也是如此。虽然已经是六月，但雨中的西安城还是一副初春的样子，那些操着陕西话拎着行李穿着厚厚衣服穿梭在火车站中的人们，总会让人产生一种身处在贾樟柯电影里的错觉。西安站伫立在城墙之外，所有从站内走出来的旅客要穿过城墙才能走出火车站，这厚重的城墙是这座千年古都的命脉，连接着它的过去与现在，作为世界四大古都之一，西安城内的所有建筑全都保留着唐代的建筑风格，据Ciao说城墙内的建筑，都不得高于钟鼓楼，所以我在西安那几天几乎没有见过特别高的建筑。

哦，Ciao就是我在兰州旅行时遇见的旅伴。他在西安读书，在得知我来西安后结束专业等级考试后跨越半个城市来找我。我在旅途上遇见过很多很多有意思的人，我们总在分别的时候说着再见，可直到现在，只有Ciao是我见过第二次的旅伴。Ciao远远地走来先给了我一个大大的拥抱，然后接着调侃我长得越来越像他妈，气得我差点儿把他推进地铁轨道里。说实话，在兰州和夏河的时候，我一直觉得他是一个特别烦人的小孩儿，怎么说呢，就是废话特别多，但还总是一本正经的样子，所以那会儿我对于他的各种观点都嗤之以鼻。但当他带着我穿梭于西安的大街小巷，每到一个景点都能拿出比导游还专业的讲解词为我介绍那些历史典故的时候，他在我心中的形象立马帅出了新的高度。

住的青旅在小吃街，可我偏偏不吃牛羊肉，所以你大概能够想象我看着满街的清真食品欲哭无泪的表情了！我真的是在Ciao的嘲笑当中，含着泪把面前的那一屉朋友们都极力推荐的牛肉包子吃下去的。当我晚上回到青旅讲述这件事情的时候，旁边吧台上一个正背着包准备出去的妹子哈哈大笑，伸手拿起桌子上的一块西瓜递给我说："那明天我做饭给你吃吧。"

而我竟然毫不客气地回答说："好啊！"

这是我和静静之间的第一次对话。谁也没有想到这句对话之后，我鬼使神差地跟着她出了门。这是静静在这家青旅里做义工的第三天，大学刚毕业，她就瞒着家里坐了十五个小时的硬座从武汉跑来做负责三餐的义工。她问我想去哪里，我说想去看卖唱歌手，这是我喜欢西安的原因。从这座古城内走出了无数我喜欢的音乐人，张楚，郑钧，许巍，黑撒乐队以及后来我在光圈Club看到的那些不知名的本土乐队。晚上鼓楼附近有很多的卖唱歌手，他们白天可能做着各种各样的工作，但当鼓楼的灯在暮色中亮起时，他们都是流浪歌手。鼓楼的夜晚更像是丽江，小店门口坐满了双手敲着手鼓卖唱片的艺人，我们在一处地下商场的台阶处停下，周围已经坐了许多的听众，那个扎着脏辫的流浪歌手抱着吉他在唱许巍的歌，他的声音并不完美，可当他目视着远处的霓虹灯唱起"曾梦想仗剑走天涯，看一看世界的繁华"时，我眼角还是有些莹润了，他的声音里有一丝破裂般的嘶哑，就像是酒醒之后梦想破灭般的绝望，我不是没有听过许巍的现场，但还是被这个籍籍无名的流浪歌手给打动了。小野，我承认我是一个矫情的人，所以总是会为了情怀这件事情感动，而西安则刚好是一个处处流淌着情怀的城市。我是在朋友圈里看到果酱音乐的创始人小海盗说他们在西安做开放日的活动，我立马发微信告知他我也在西安，几乎是以狂奔的速度冲上出租车往西安最著名 live house 光圈Club赶，费了好一番功夫才在一个类似于北京798的艺术区找到光圈新店。西安的天气在一夕之间炎热起来，太阳把人炙烤得无处躲藏，还是有许多许多的西安年轻人顶着据说是入夏以来最高的温度涌入光圈。那天下午表演的五组音乐人包含了民谣、摇滚、朋克和放克在内的不同风格，有一个叫阿宝的负责和声的女孩子，是我听过最好听的女声之一，据说国内的选秀她基本上全都参加过，但最后总差那么一个能红起来的机遇，清瘦的她站在舞台一侧，我不停想象着她曾经怀揣着音乐梦想奔波在不同城市时候的样子，以及灰头土脸重新回到西安成为一名普通幼儿园老师时内心的悲怆。那支放克乐队的女主唱说，这是他们2016年的第一场演出，所以他们表演得尤其卖力，小野，我看着舞台上的他们，如同在见证一场梦想绽放与破灭的过程，特别地感动。我举着相机穿梭在双手举着金属礼的年轻人之中拍了很多的照片，后来我把这些照片发到微博上，还得到了这些乐队的互粉。

人与人之间的缘分就像是音乐风格，都是不确定的，但总会莫名其妙交汇在一起。那天和静静回到青旅后，青旅老板要教我俩打扑克，大概我俩智商实在令人着急，他很快就放弃了这个念头，于是一群人围坐在桌子旁玩杀人游戏，我就是在这场游戏里认识的佟凯琦。这个一口天津话的十八岁小孩儿，已经走遍了大半个中国，我知道这件事的时候半天没有反应过来，啊，"00"后都已经开始出来混了吗？玩到后半夜的时候，我跑出去坐在胡同里透气，佟凯琦跟在我后面，我俩都没有说话，过了许久他问我："姐，你觉得我做得对吗？"

我知道他问的是关于自己十八岁辍学做背包客的事情，他说父母为了反对这件事，甚至断掉了他的经济来源，于是他一边打工一边攒钱旅行。

他和我妹妹同龄，如果站在家长的角度我可能会严厉阻止这件事，但作为一个自由的个体，我无比羡慕他在十八岁时拥有这样的勇气去追求自己想要的生活，但最后我还是什么都没有说。小野，在给你讲这件事情的此刻，这个死小孩儿刚从海拔五千零八米的昌都地区的东达山上下来，正在拉萨的街头玩滑板，他在微信上嚷嚷："姐，遇见一个超帅的小伙子，好想给你寄山东去。"

我能够想象他一脸戏谑的神态，于是回了一个"滚"。

可亲爱的十八岁少年，愿你永远拥有此刻的勇气，未来山高水长，让我们穿墙而过。喜欢的一个文艺女青年说过，我们偶然相聚又分离的地方，都会是一个临时的乐园，感谢西安，让我听见无数关于梦想的声音。

你是世界上的另一个我

吃货谷默默的猫

倩倩猪

1

我是一只有思想的白猫，但遗憾的是我并不会讲人话。

我跟着谷奶奶在乡下住了一年后，谷默默升了重点初中，作为奖励，我被谷奶奶送给了住在小城里的谷默默。

经过两个小时的车程，我们终于到了，车门刚打开，我就灵活地跳了出去，迎面就是谷默默大大的笑脸，她高兴地对我说："小白，终于等到你了。"

我想回答我也是，但我不能讲话，于是只能喵喵地叫了几声，然后友好地用我毛茸茸的脑袋蹭谷默默的脸。

第一天在饭桌上，我便发现了谷默默的问题。她挑食挑得厉害，很多东西都不吃，趁谷妈妈没注意直接丢进我的碗里，然后示意我快吃，那天吃得我肚皮圆滚滚的。

晚饭后，谷默默在她小卧室里做作业，谷妈妈给我简单安置了一个温馨的小窝，我就待在里面发呆。实在无聊的时候，我就跳到谷默默的桌子上，尽情地展现我婀娜多姿的舞步，谷默默被我逗得咯咯地笑，然后说："小白，你是不是想和我玩啊？但是我作业还没做完呢，要不然你先玩这个？"

是谷默默的平板电脑，她打开切水果游戏，教我怎么在屏幕上划，我说过，我是一只有思想的白猫，同时我也很聪明，什么东西一学就会。

没出几天，我已经完全沉迷于切水果这个游戏里了，同时，我也发现了谷默默挑食的原因，她在学校和卧室里，简直就是一个大吃货，什么巧克力，水果糖，外面带回来的小吃，应有尽有。

其中，谷默默最爱吃的是一家老字号炸鸡排，她每周五都会偷偷带一份回来，躲在卧室里与我分享。

所以每次在饭桌上，谷默默总是不饿，总是挑食，谷妈妈教导她说："默默，正长身体的时候要好好吃饭，零食要少吃，巧克力糖果吃多了都会长虫牙的，还有炸鸡排，新闻都报道说吃多了脑袋里可是会长肉虫的哦。"

谷默默当着谷妈妈的面，点头说："我知道了，下次不会了。"

可是只有我知道，吃货谷默默是不可能放弃炸鸡排的，那是她的最爱，是不可以辜负的美食。

可是我留了个心眼儿，以后只要看到谷爸爸拿报纸回来，我都会凑上去认真地看，到底有没有一个新闻说，炸鸡排吃多了脑袋里会长肉虫的。

一个月过去了，我并没有看到类似的新闻，于是在心里想，或许这根本就是个假消息，是谷妈妈为了谷默默能好好吃饭专门吓她的谎言。

还好，谷默默并没有当真。

2

周五放学后，谷默默照例偷偷带了一份炸鸡排回来，刚走进卧室把门反锁后，我就跳了过去，一口咬掉她手里的炸鸡排袋子，鸡排哗哗哗地落地，然后我便大快朵颐。

谷默默被吓到了，她没有见过我这样，她也没想到我会独自一人，哦不对，是独自一猫打算吃掉她最爱的鸡排。于是谷默默反应过来后，第一时间从我嘴里抢过剩下的鸡排，毫无顾忌地吃了起来，一边吃还一边训我："小白，我平时是怎么教你的，说好的美食要分享对不对？你为什么想要独享？"

我愣愣地趴在地上不出声，糟了，我本来只是想阻止谷默默再吃鸡排的，可是她还是吃掉了大部分的鸡排。

我阻止谷默默吃鸡排是有原因的，因为就在今天，我在家里溜达的时候，无意间看到了谷爸爸的电脑屏幕开着，于是好奇心作祟，我用爪子在键盘上敲了"炸鸡排"三个字，出现的网页新闻里居然真的有长肉虫的说法。我承认，当时我是受到了惊吓。

我必须要阻止谷默默再吃鸡排，不管付出任何代价。这也是为什么谷默默看到了我反常的一面，而我却只能眼睁睁地看着她吃了鸡排后对我埋怨不解的眼神。

谷默默当晚对我下了禁令，她说："小白，如果你以后再这样我就不会把鸡排带回家了，我会在路上把它吃光光的。"

我急了，绕着谷默默不停地转圈，到底该怎么办？怎么办？谷默默似乎被我的样子逗笑了，一手提起我，看着我的眼睛说："好了，小白，知错就改还是好孩子。"

我终于安心地躺在谷默默的怀里了，心里却在思考下一步的对策。谷默默是我的小主人，也是谷奶奶见我有灵气，特地派来保护她的守护猫，我不能眼睁睁地看着她被炸鸡排影响健康。

晚饭后，我也无心玩切水果的游戏了，谷默默在书桌上写数学作业，她看起来一个头两个大，不停地在草稿纸上演算公式，然后又把草稿纸揉成一个团，扔进垃圾桶里。这样来来回回了好几次后，我终于找到一个机会把关于肉虫的旧报纸拖到了书桌上，希望她可以看一看。

但谷默默并没有看，反而把旧报纸也揉成了一个团扔进了垃圾桶，还不耐烦地对我吼："小白，现在能不能别闹，我正烦着这道题呢。"

一计不成，我郁闷地跳下书桌，老老实实地待在窝里想办法，我不能再这样下去了，到最后不但没能提醒到谷默默，还会让她愈发地讨厌我。

做只本分的猫怎么会这么难？唉，我又一夜未眠。

3

很快，我的旧烦恼没有了，因为我彻底生病了，谷默默带着我去兽医馆治疗，兽医认真地给我检查，还照了CT，最后得出的结论是：我的身体里长了几只肉虫，需要开刀动手术才能痊愈。

谷默默听到这个消息时，哇哇地大哭了起来，她哽咽着对我说："小白，都是我对不起你，我不该让你和我一起吃鸡排的，这样你身体里就不会长肉虫，就不会开刀动手术，动手术一定很疼吧。小白，答应我，你一定要好好地挺过来，好吗？"

说实话，我被谷默默的这番话感动了，竟然无意识地红了眼眶，掉了几滴眼泪，我喵喵了几声算是回应她的约定。

第二天，我正式动手术的时候，谷默默一直在门外默默陪着我，而谷妈妈却在里面小声地和兽医说话，谷妈妈说："王医生，这次真的是太感谢你了，我们家默默一直不肯戒掉这些不干净的零食，我也没办法。新闻里也报道了，医生你也说了，长期食用油炸鸡排之类的肉制品，的确有长肉虫的风险，我也只能靠小白这场手术骗骗她了。"

王医生客气地说："没关系啦，小孩子都是比较固执的，现在还不能理解你的良苦用心，相信长大后一定会明白的。"

我这才顿悟，原来我的身体里并没有长肉虫，生病也只是简单的闹肚子罢了。躺在手术桌上，接受兽医的"假手术"，我心里纠结极了，一边为谷默默感到难过，这些来自大人世界里的欺骗，一边又为谷默默感到开心，终究只是个善意的谎言。如果这场"假手术"可以让她戒掉炸鸡排，戒掉不干净的零食，好好地长身体，避免以后有长肉虫的风险，那么作为一只猫，我觉得都是值得的。

果然，手术结束回到家后，谷默默第一件事就是把藏在抽屉里的零食全部扔到垃圾桶里了，并且抱起我，认真地说："小白，以后我再也不吃这些垃圾食品了，炸鸡排……炸鸡排也不吃了。"说完，我看见谷默默的眼里还是有些淡淡的不舍，但似乎这次为了我，也为了自己的健康，坚定地点了点头。

这次的晚饭，谷默默表现得与平时完全不一样，她不挑食了，青菜也吃，鸡蛋羹也喝，就连白米饭都吃了整整一大碗。吃完对着我就是一个饱嗝，满足地说："原来妈妈做的饭，饿的时候去吃可以这么好吃哦。"

我屁颠儿屁颠儿地跟着谷默默身后转，也是第一次发现，原来世上有很多食物比炸鸡排更加美味。

4

周末的时候，谷默默和同学约着一起去森林公园玩，她这次决定带上我，因为她的同学都在好奇，一只成功动了手术的猫到底是什么样子的？

我当然也是乐意去的，毕竟天天宅在家里的猫也许并不是一只好猫。临出发前，谷默默把给我专门定制的小披肩给我穿上，粉红色的看起来像个公主猫，我在镜子面前来回踱步，认真审视了一番，觉得我还是比较喜欢黑色，因为我是一只睿智的白猫。

森林公园也有很多动物，长颈鹿，大熊猫，狮子，猴子，哦还有熊，等等等等。我看得眼花缭乱，却发现森林公园里居然没有猫，这对我而言，太过诡异了。谷默默的同学一看到我也是爱不释手，抱着我就不肯还给谷默默了，嘴里还念念有词地说道："默默，你家小白真好看，真想拥有这样一只猫呢。"

而这边的谷默默早已经被各种小动物征服了，眼睛一直盯着袋鼠妈妈口袋里的小袋鼠发花痴，嘴里说着："哇，好可爱啊！"

谷默默同学也被传染了似的，两眼直直地盯着小袋鼠，嘴里跟着说："是哦，真的好可爱啊！"

我当时是真的吃醋了哦，小主人谷默默居然因为一只袋鼠忘记了我，于是我奋力一跃，从谷默默同学的怀里跳了出去，独自跑了很远。

谷默默和她的同学找到我的时候，我正趴在森林公园外面的长椅上，一只猫独自看着隔壁的炸鸡排店发呆。是的，一看到炸鸡排，我就想起了和谷默默分享美食的快乐时光，难道她已经忘记了吗？

我以为谷默默找到我以后，肯定会大声训斥我，说："小白，怎么又这么淘气，你这样会让我很讨厌的。"但是谷默默没有，她找到我以后，第一时间奔向了我，然后紧紧地抱着我，说："小白，你知不知道你刚才吓死我了，万一你跑丢了留下我一个人可怎么办？"

谷默默把头埋在我的毛发里，我甚至感觉到她的眼泪已经打湿了我的毛发，心里也开始愧疚，对不起，小主人，刚才让你这么担心。

炸鸡排店里的客人络绎不绝，谷默默同学也排队打算买两份炸鸡排，可是谷默默抚摸着我的头，礼貌地和同学说："对不起，我已经戒了炸鸡排了，我要留着健康的身体陪着我家小白一起长大，你也不要吃这些了好吗？不如去我家吃饭，我妈妈最近学了做寿司和咖喱饭哦。"

"真的吗？太棒了！"谷默默同学说。

我说过，我是一只有思想的白猫，但是我今天才发现，我还是一只有着独立感情的白猫。

5

随着时间的推移，谷默默开始长高，也有了更多的兴趣爱好，比如体育课喜欢打羽毛球，课外爱上了看名著和写文章，而她的文章里，总是有一个小小的配角，它叫小白。

谷默默有空的时候会给我读她写的文章，她说："小白，你知道吗，每篇文都有的配角才是我生命里真正的主角。"谷默默当然以为我听不懂，我也很配合地在她臂弯里懒懒地伸了个腰，然后若无其事地打了个哈欠，最近听着故事总是很容易入睡，而在梦里，是谷默默给我编织的美好童话。

如果有一天，你有幸也遇到一只猫，它打翻了你的美食，请你不要责怪它。它或许有它的道理，也或许是真的饿了。

但不是每只猫都像我一样有思想，还会吃醋。

你是世界上的另一个我

翁翁不倒

方便面在我看来是一个很勤奋的人，但同时她也是一个很蠢的人。

高一的时候处于叛逆期，她总是在班上活得像个小混混，坐在最后排和成绩差爱捣蛋的人一起玩扑克玩手机开玩笑，就是不爱学习，期间还和最坏的男生成了男女朋友，两人发誓要做一对不爱学习的神仙眷侣，好像真的一样。但誓言总是容易破灭的，高一下学期分班，两人也散了。

不过我知道，方便面真正的性格不是那样的，她也是一个看到萌萌的小动物就爱心泛滥的小女生，被砸到了脚会哭得梨花带雨，还在我最伤心，哭得一脸眼泪鼻涕像个怂包一样的时候也不嫌弃我，默默说着："乖，不哭。"

这样的软妹子，本该穿着萌萌的水手服卖萌，却不知道为何变成洗剪吹牌小混混。

填文理分科表时，她终于想起要关注一下自己的成绩，跑到宣传栏从第一个名字一直看到最后一个，愣是没找着自己的，最后有人善意地提醒她，她看到了最上面标题《前一千五百名的排名情况》。

"哦，原来我连前一千五百都进不了啊？"

她默默走开了。

但是谁也没料到方便面会带着她烂到死的成绩进了理科班，我也没料到。我跑去问她，她只是淡淡地说："不喜欢文科的背诵。"我说："我也不喜欢。"于是我把原本写的文科涂掉，填了理科。

这样就又能和方便面在一起了呢。

我们很巧地没有被分在同一个班，两个班之间隔了十万八千里，方便面说："以后我们一起去吃午饭吧，放学了你来找我！"我想了想，大力地点点头，"嗯！"

最开始的时候能在食堂遇见方便面的前男友，手牵着另一只手，两个人看着亲密无间。我偷偷看方便面的脸色，发现她没什么不妥，不过此后我们也没再去过那个食堂。

要说让我最惊讶的，该是方便面终于放弃了她的小混混造型，变回一个天真可爱的萌妹子，第一次看到她我还有点儿认不出来，直到她在我面前打了个响指。嗯，估计方便面还有些坏习惯没改掉，比如说，轻佻的响指。

不过这个改变也够我点赞了，我摸了摸她的发顶，由衷感叹："萌妹子啊！为什么你以前要留着一顶方便面头呢？明明黑长直更适合你啊！女神！"方便面打掉我的手，"走开！"

方便面和我说，她要努力学习了，所以要改变一下形象。我连连点头说好，回头是岸回头是岸，现在还不迟。

这期间方便面来找我的时间越来越少，很多次我想去找她，想想她正在回头是岸呢，不好带着零食去诱惑她半途而废，于是只好自己默默吃掉了。

我们再见面是在月考后，她经历了我每次去找她都要经历的十万八千里，兴冲冲地拉起我的手说要和我去看大榜。我被她拽着往外跑，看看她紧紧抓着我的手，皱眉，"方便面你的坏习惯怎么还没改完啊？男女授受不亲你知道不？怎么能随便抓着男生的手呢？"

孺子可教也。

方便面马上松开了我的手，然而我又皱了皱眉，"方便面你以前性格不是很倔的吗？怎么现在变得这般听话了？我让你放开你就放开？虽说男女授受不亲，但是我的手还是可以牵的……"诚然方便面没有在听我说话，因为她一双眼珠子正盯着大榜，我虽是有点儿不忍还是忍不住出声："方便面你忘了这里只有前一千五百名才能上榜么？虽说你这些天是勤奋了，但我想也不……"方便面回头一双大眼睛水汪汪地看着我，手指停在大榜上的一个位

你是世界上的另一个我

置，"你看。"

晚上我们买了几罐啤酒庆祝方便面终于上大榜了，真是进步神速啊。方便面的脸被酒气熏得红红的，但是眼睛亮亮的，看着我只是笑，不知怎么的竟让我看到些晶莹的东西。

虽然我们这段时间没见面，但是方便面的事情我的消息还是最灵通的。在那些她说要努力学习改过自新的日子里，她用了百分之两百的力气。以前当小混混习惯了在课堂上睡觉，导致现在的她不用老师的魔咒催眠，上课铃一打响，她就能轻松入睡。所以现在的她要克服这个困难，不过这不容易，她本是精神抖擞地认真听老师讲课，不知怎么的就会打瞌睡，总是如此，像是无法打破的定律。聪明的方便面想出了一个好办法，每当她感觉到自己要挺不住的时候，她打开自己的笔袋，拿出三角板，然后毫不吝啬地往手背上戳。有时候虽然她两眼昏花没戳着自己，那也无妨，她还是醒了。因为她迷迷糊糊听到了来自同桌杀猪般的尖叫，待她凝神一看，哦，戳同桌手背上了。

即使是在晚上，她还是不能抵挡睡神的呼唤，夜晚的光线就像有着什么奇怪的魔力一般，她看着看着就要入睡。这个时候她会选择放弃学习去睡觉。

你以为她放弃了吗？事实是，等到人们都睡着了，她就突然醒过来了，然后开始学习，夜是静悄悄的，方便面写着题，觉得全世界只剩下自己，写到后来她总是会觉得心里有什么东西却无法排解，最后她会失声痛哭，然后一边用手抹眼泪一边继续写题，抽抽噎噎直到困得趴在桌子上睡着了。第二天她仍然要早醒，顶着惺忪的睡眼背单词。直到后来，即使再晚睡，第二天方便面也会在特定的时刻睁开眼睛，盯着白花花的天花板，之后就再也睡不着了。

这些消息别问我是从哪里知道的，只是有一句话叫作，当你喜欢一个人的时候，你就变成了一个神探。而我恰好是福尔摩斯级别的。

就是那些我可以看到的真实画面，方便面都以走火入魔的形象存在着。我和她去自习室学习，她又要犯困了，我说："你睡个十分钟吧，时间到了我会叫你。"十五分钟之后我轻轻叫醒了她，她反应大到让我惊讶。就在我拍她肩膀的那一秒钟，下一秒她的手已经下意识地拿起了笔，整个人坐直了身体，拿过一旁的卷子，而这时候她的眼睛才刚刚睁开。所以方便面不进步真是天理难容。

如今已是高考前夕，我和方便面却双双旷课跑去旅游，一天后返程，在回家的列车上，方便面说她好困，我说："要不我借你个怀抱？不要钱哦，亲！"

方便面粗鲁地一把拽过我手臂，"不用，借个肩膀我睡一觉就成。"

那个时候，我终于知道高一时方便面会处于叛逆期的原因，因为她的爸爸妈妈离婚了，谁也不想带着她这个拖油瓶。而那时的我之所以能和她谈得来，不过是我一场大病初愈，却被周遭的人说我是个精神病患者，那时候我哭得很伤心，是方便面蹲在我面前，用纸巾擦去我的泪水，对我说："乖，别哭。"我们遭遇相似才会惺惺相惜，因为经历过才懂得对方，就像另一个自己。

方便面醒来的时候，我们还没到家，她拧开矿泉水的瓶子喝了几口，扭过头对我说："你知道刚才我靠在你肩膀上睡觉是什么感觉吗？"

"一定觉得这是个坚实温暖可以让你依靠终生的肩膀吧哈哈哈！"

"不，我感觉自己就像睡在一个点上。特别难受。"

"嗯，那证明我的肉都是肌肉。"

方便面给我一个鄙视的眼神。

坐了一会儿她竟然又感到困意十足，连连打着哈欠的她问我自己是不是得什么病了。

这次轮到我一把把她的头按在我肩膀上，"乖，睡吧，再睡一觉，我们就到家了。"

话匣子的正确打开方式

闻人晴

1

孙言语唯一没有辜负的，就是他爹妈给他起的这个名字。他很擅长使用言语，他也很热爱言语，他无时无刻不在证明着他有多么热爱这个名字。简单地说，他就是个话匣子。

每次老师以扰乱课堂纪律为由给他换座位的时候，他都会一脸坏笑地看着老师，仿佛在说："没用的老师，无论你把我换到哪里，我都能和周围的同学聊起来。"

为此，老师没少找孙言语的父亲谈话。孙言语的父亲是个严肃的中年男人，每次老师告完状之后都会给孙言语一顿胖揍，奈何孙言语屡教不改，久而久之他老爹就放任不管了。

虽然在老师的眼中孙言语是坏了一锅粥的耗子屎，但是在同学的眼中孙言语可是个讨人喜欢的乐果。他的嘴里永远讲着最新最好笑的段子，他可以和男生聊网游，和女生聊化妆，给学霸讲爱因斯坦童年的故事，甚至和门卫室的老大爷都能聊起来。

任何人和他在一起都不会无聊，他总是能找到共同话题。所以从某种方面来说，孙言语是个知识渊博的人。

同学们都好奇这个活宝是怎么长大的，大家都猜他话这么多一定是受到了家庭的熏陶。

事实上，孙言语回到家，又是空空荡荡的房间。他自言自语道："那老头居然又跑出去喝酒了，忒不靠谱！老妈，你眼光有误哦！"

孙言语照例和照片上的人说话，那是他的妈妈，一个笑起来很漂亮的女人。孙言语的妈妈在他小学六年级的冬天去世了，家里就只剩下他和那个闷葫芦老爹。

"今天老师又给我换座位了，坐在我旁边的是班里的学霸周小乔。老师想让学霸带着我学习，但她的如意算盘打错了，周小乔可喜欢跟我说话了，可不是我主动的哦！"

每天都是这样，如果他回到家里不说话的话，就只剩下一屋子的沉默。他最讨厌沉默，所以他只能不停地制造声音，久而久之就养成了这样的习惯。

很多时候，他说话不是因为喜欢热闹，而是因为害怕孤独。

2

就算是上知天文下晓地理的孙言语，也有害怕的人——那就是他们班的新班主任，宋廉。

宋廉是个刚刚从大学毕业的年轻老师，和他们年纪相差不大，所以很快就打成一片。但是孙言语却拿这个人极度没辙，他宁愿以前那个总是对他横眉冷对的旧班主任回来，都不愿意面对宋廉这个"知心大哥"。

没错，就是知心大哥。不知道是不是孙言语的错觉，他总觉得这个新老师对待自己比别的同学更加关心。有事没事就把他叫到办公室谈心事，谈个屁的心事啊！

这天放学，宋廉又成功地逮到猫着腰想从后门溜走的孙言语。到了办公室，孙言语不耐烦地问道："老师，您成天找我谈心到底是闹哪样啊？如果您有心事的话可以去找心理辅导老师谈谈。"

宋廉好脾气地回答道："我大学第二专业学的就是心理学，专门帮助学生解决心理问题，像你这种抵触的案例我见得多了，越抵触就说明心理问题越严重！"

孙言语被他烦得都快崩溃了，哭丧着脸说道："老师我错了，我真的错了，我以后再也不在你的课堂上说话了，求求您放过我吧！"

眼见实在没办法交流下去，宋廉只好让孙言语先回去了。看着孙言语飞速消失的身影，宋廉无奈地叹了口气，这孩子防备心太重了。

一回到家，居然看见许久没见的老爸在厨房里做饭。孙言语觉得自己真实倒霉透了，先是在学校被极品老师缠上，回到家又要面对老爸的那张板砖脸。

再无奈，自己的老爸还是要自己面对。

"最近在学校表现怎么样啊？"几乎每次和老爸说话都是这么开场。

"挺好的。"

"听说你们换班主任了？"

"恩。"

孙言语在他老爸面前就变得沉默寡言了。他能和所有的人找到共同话题，唯独不知道和老爸聊什么。

吃过饭之后，孙言语失落极了。其实他已经在心里反复练习了无数遍，和爸爸一起吃饭时聊着在学校发生的琐碎的小事，就像一个人在家时和老妈说话那样。

可是每当面对老爸时，他又不知道说什么了。虽然他总是在老妈的面前埋怨老爸，但其实他的心里是能够理解老爸的。所以他想和爸爸多聊聊天，听他说说工作上的事情之类的。

但是每次都以失败告终，就造成了现在这样，孙言语只要看到老爸就头疼。

当语言成了抵御孤单的工具时，面对真正想要亲近的人反倒不容易开口了。其实他也不过是一个渴望亲情的孩子罢了。

3

好不容易消停两天的孙言语一开学就听到了让他想撞墙的消息——家访。

新老师果然是想起来一出是一出，突然间搞什么家访？这下不只是孙言语，全班的同学都像霜打的茄子一样蔫吧了。

宋廉见状安慰道："同学们不要对家访这么抵触，老师呢只是想更多的了解你们的情况，并不是为了告状什么的。咱们相处这么多天，你对老师还不放心吗？"

被宋廉这么解释一通后，大多数同学都放下心来，唯独孙言语觉得大事不妙。

他倒不是害怕告状，这个新老师天天跟在他屁股后面要跟他谈心，说得好像他有心理疾病一样。谁知道宋廉会在老爸面前乱说什么？

于是他举起手报告道："老师，我爸平时很忙基本上不在家，你就不用去我家了。"

宋廉咧嘴一笑，道："这一点孙言语同学就不用担心了，我已经给你父亲打过电话预约好时间了。"

孙言语一阵窝火，宋廉果然是他的克星！

不论多么排斥，家访的日子还是如期而至。让孙言语感到意外的是，老爸还挺重视这次家访的，明明以前班任召唤老爸去学校的时候都没见过他这么热心。

宋廉刚进门，老爸就热情地招呼老师，又是斟茶又是倒水的，让孙言语大开眼界。这还是他那八棍子打不出一个屁的闷葫芦老爹吗？

虽然很好奇他们谈话的内容，但是孙言语被撵到了房间里一点儿都听不清他们在讲什么，只能透过门缝看到老爸的表情时而欢喜时而担忧，像个调色盘一样。

终于，大概一个小时过后，宋廉告辞。孙言语从房间里走出来，有些忐忑地问道："爸，他都跟你说什么了？"

"谈谈你最近在学校的表现，听你们老师说你总是心事重重的，是吗？"

孙言语无语地翻了个白眼儿，道："爸你别听他乱说，那老师跟个神经病一样天天说我心理有问题，您看我像心理有问题的人吗？"

"别这么说老师，以后如果碰到什么事情，可以跟爸爸说。"

"知道了，我能碰到什么事情啊？您别听老师瞎说。"

孙言语满心陷入的对宋廉的埋怨中，全然没有注意到，自己此时正在和父亲自然而然地交流着。

4

其实宋廉和孙铭的相识完全是机缘巧合。那天孙铭的钱包掉了被宋廉捡到，宋廉还钱包的时候看到了钱包里孙铭和孙言语的合影，认出是自己班级的学生，才和孙铭聊了起来。

孙铭其实很关心儿子，无奈以前的班主任是个告状精，每次见他除了告状就没什么别的说的了。虽然他不是盲目溺爱孩子的父亲，但他也不希望老师把自己的孩子说得一无是处。

但是他是个不善表达的人，孙言语也不主动，所以父子俩的交流少得可怜。在这里就轮到宋廉出场了，宋廉知道了孙言语和孙铭的情况之后，主动负责起给他们父子构建桥梁的工作。

他在学校注意到孙言语虽然很爱说话，但他从不跟人深交。他和每个人的关系都说得过去，但是却没有一个交心的朋友。

每天孙言语的脸上都洋溢着笑容，他却看得出来他并不是真正的开心。这一点可能连孙言语本人都没有意识到，所以他想帮助这个假装开心的孩子打开心墙，但并不

成
长
是
冬
日
暖
阳
的
守
护

顺利。

这时，孙言语突然闯进办公室，埋怨道："老师，您为啥要跟我爸说我心理有病？"

"因为你就是这么表现的啊！"宋廉决定提点一下孙言语，让他意识到自身的问题，"正常人都有喜怒哀乐，你怎么天天乐呵呵的？哪儿来那么多好笑的事？"

"我没心没肺不行啊？您是不是见不得别人好啊？我天天乐呵碍着你事了？"

"那你为什么回家不和你爸爸说话？昨天你爸爸一个劲儿地问我你在学校的情况，他可关心你了，可你这做儿子的为什么不理爸爸？"

"我没不理他。"

这是实话，孙言语从来没想过不理老爸。他只是不知道说什么，因为他觉得不管自己说什么，老爸都不会感兴趣。

"你可能习惯了隐藏自己的感情，可有些话不说，即使是亲人也不能理解。"

孙言语觉得宋廉特别烦人，就算是老师又怎么样？他明明什么都不知道，还在这里站着说话不腰疼。

他老爸才不屑把感情挂在嘴边呢，就连妈妈生病住院的那段时间，老爸也只是默不作声地在病床前照顾老妈，也没听他说过什么安慰的话。老爸应该是最讨厌把情啊爱啊挂在嘴边的那种人吧？

误解就是这样产生的，你不说我就想当然地乱猜，不解释的话猜想就成了事实，事实就是你不喜欢我亲近你——这与真正的事实南辕北辙。

5

孙言语的爸爸是建筑工程师，那天去工地发生了事故，头部受到撞击导致了轻微的脑震荡。

一瞬间孙言语好像回到了妈妈住院的那年冬天，只是这次躺在病床上的人换成了老爸，守在床前的人变成了自己。他突然发现，老爸的鬓角，生出了许多白发。

孩子成长的速度总是比父母老去的速度慢了那么一点点，所以有些遗憾我们只能遗憾。不过好在现在一切还不晚。

"老爸，你快点儿醒过来吧，我有好玩的事要跟你说。今天我碰见我们以前的班主任了，她现在肚子可大了，马上就要生小宝宝了。我还跟她的宝宝说话了呢。"

"宋廉现在还缠着我跟他谈心呢，我看他想当心理医生想疯了，他应该自己去看医生才对。不过他是个好老师，我能感觉到他是真的关心我。"

"他说有些话不说，亲人也没办法理解。我本来以为他在乱说，可是现在我明白了。我现在坐在这里有点儿理解你当时的感受了。还好医生说你只是轻微脑震荡，要不然我也不知道说什么好了。"

老爸在病床前对老妈无微不至的照顾，已经是最好的语言了。只可惜老爸嘴笨，当时的孙言语年纪又小，才会觉得老爸是个冷酷的人。

其实孙言语不是不知道和老爸说什么，他是个话匣子，不用打草稿都能有那么多唠唠。他只是害怕老爸对自己不耐烦，他误解老爸讨厌他的亲近，所以他小心翼翼地不敢多说话。

直到这一刻他才发现自己错得有多离谱。他红着眼眶，像个不知所措的孩子般地问道："不是说只是轻微脑震荡吗？你怎么还不醒呢？"

听见儿子哭了，孙铭也装不下去了。他睁开眼佯装生气道："臭小子，你老爸好不容易能睡个懒觉你还在旁边嘚啵嘚啵说个没完，难怪你们老师叫你话匣子。"

"爸爸……"

这是自从妈妈去世以来，孙言语第一次在老爹面前毫不掩饰地放声大哭。这一哭仿佛是要把这么多年的委屈全都哭出来一般。

孙铭的眼睛也有些湿润，他没想到因为自己的不善言辞，让孩子这几年都活在对自己的猜忌中，不敢亲近自己也不敢表达真正的感情。说到底是他这个做爸爸的失职。

人们常说，一切尽在不言中。有的人害羞，有的人装酷，有的人胆怯，有的人嘴拙。然后我们就都在等，在等对方主动领会自己的意思，可是不言语，对方怎么可能完全领会呢？

即使是身临其境，也不是所有的人都能明白。不过孙言语明白了，所以他没有继续等下去。

我们可以等，时间却不能等。即使是相处再久的两个人，偶尔也会有不自信的时候。所以别害羞，别装酷，别胆怯，只是一句话而已，嘴再笨的人都可以说出来。说出对家人的关心，说出对亲人的爱，话匣子需要正确的打开方式。

星辰凡间来

星辰凡间来

林霄引

1

这是陆知跑得最快的一次，也是奶奶追得最凶的一次。

差几米就能拐进小西瓜家的院子，躲过奶奶的藤条了。

他喘着粗气，一只脚将迈入院子里，面上是掩不住的欣喜。

突然，不远处一阵撞击声，他一惊，回头正见奶奶倒在地上，边上是一摊血，而肇事司机已逃之夭夭。

天地间一片黑暗，不知过了多久，渐渐有白光将视线尽数覆盖。

全家一身缟素，静默地立在盖着白布的遗体面前。陆知呜咽着，心里像被细小的利刃割着，心脏缓缓渗着血。他十分清楚这场事故发生的根本缘由，可甚至没人打他骂他，他就如同不存在一般，所有人都不愿意看他。

陆知醒来时，额上沁着细密的汗水。一股浓郁的泡面味从旁座飘过来，他下意识地抚上自己的腹部，掏出口罩戴上。

忽地一下强烈的颤抖，陆知腿上被泼了滚烫的酸菜泡面汤。

"对不起……我不小心手抖了，"女孩儿开口，面露愧色，"你腿疼不疼啊……"

"没事……"陆知长长舒了口气。幸好穿了长裤。

还要感谢她手抖泼的汤汁，不然自己肯定还陷在梦里。

越近故乡他越胆怯。往事历历在目，他的过错，他的罪孽。

2

陆知立在一幢三层的老宅前，掏出一把生锈的钥匙。

这把连接他和过去的钥匙，搁在手中分外沉重。然而，陆知一想到这次回老家是要出售旧宅，又轻松了几分。

　　自从奶奶出事后，原本关系不算和睦的伯叔提出分家，分家之后陆知一家搬到了外地。转眼几年即逝，中学时离开老家的青涩少年如今已挺拔俊朗，面临毕业的前路抉择。

　　父亲说，持现有学历就业难找好工作，要么把房子卖了出国读书，要么争取考上国内重点高校的研究生，留下房子。

　　现在的他当然选择前者。这地方是他多年的心结。解不开，不如永久地逃离。

　　"你是谁啊？"

　　身后清脆的女声打断了他的思绪，他迟疑地回过头，女生警觉地盯着他，电光石火间，陆知想起来了——啧，这不就是刚才在动车上往他腿上洒泡面汤的姑娘嘛！

　　陆知摘下一直戴着的口罩，没好气道："我是这间屋子的主人，怎么了？"

　　女生瞪圆了眼："陆知？"

　　陆知挑眉："嗯？"

　　"我是小西瓜啊！"

　　"段檬？你在上大学吧，怎么回家了？"

　　"我才高三呢，前天有事去外地一趟。"

　　陆知顿时有些尴尬，故乡的人和事在他记忆里都渐渐模糊，是时间的力量，还是他对这里压根儿上不上心呢。

他有些黯然地同段檬道别，收拾完东西便出门，把老宅的出售信息挂在房屋中介。

漫不经心回到家，正打算洗去一身尘垢，电灯却突然忽闪几下，灭了。

停电了。

幸好没停水，至少还能沐浴。走出浴室时，传来了渐急的敲门声。

陆知自门隙间向外看，吓了一跳。暗红的火光在微风中跳跃，他把着门的手有些颤抖，忽然听得熟悉的声音道："是我啦，快开门。"

陆知紧绷的神经放松，打开门，看见举着蜡烛带点儿笑意的段檬。

他进厨房洗水果，出来时见段檬坐在客厅角落，一双眼睛盈着星光。恍惚时光穿梭，以前段檬总跑来他家，坐在这里看电视，看到喜欢的风景会转过头跟他说："以后我们一起去这个地方看看吧。"

陆知给她削苹果，随口问她："这么晚了还不回家，你爸妈不管？"

"他们在外地工作。"

陆知手顿了顿："那你在哪儿吃饭？"

"学校食堂嘛。"

段檬爸妈从小就不怎么管她，陆知有些心疼："这段时间你来我家吃饭吧。"

段檬笑着说好，又反应过来："你过段时间就走了？"

陆知好一会儿才道："嗯，回来把这房子卖了。"

3

"饿死了！"段檬直奔厨房，一路浓香馥郁。

见了陆知便递去纸巾："陆知，你的汗水多得都可以洗脸了。"

突然进来个穿金戴银的男人，率先开口："我来看房。"

陆知和男人聊了许久。把人送走时，段檬早把饭吃得差不多了，静坐一旁。

"我回去了。"

向来话多的段檬罕见寡言，匆匆回家。陆知方才谈得还算融洽，心思都在这场交易上，也没想太多。

次日买主来电："房子我还是不要了。"

未待陆知开口便挂了电话，陆知有些沮丧，但想想，宅子虽有年头，可环境幽雅，出了街巷交通也十分便利，按理说不乏买家。

果然之后陆续有人联系陆知，令他不解的是，每次生意快谈拢了，买家总会打电话来，语气歉然：不好意思，房子还是不要了。

眼看时间流逝，父亲打电话催问他宅子出售情况，陆知烦上心头，这天出门买菜时顺便捎了几瓶啤酒回去。

段檬看着他空了又满上的杯子，一个劈手夺了过去。

"不许喝了，酒量明明那么差。"

陆知打了个带着酒味的嗝，反驳道："你就知道我酒量差？"

"记得你以前在我家吃饭，只一碗酒酿丸子，就晕在我家睡着了，你奶奶特着急找来，把你抱了回去……"

陆知默不作声，段檬偷瞥他脸色，只能看出醉意，不知他想法。

段檬试探地问："你听过家神这种说法吗？"

陆知摇头。

"其实很迷信，说逝去的长辈会化作神祇，守在旧宅。可虽是人们虚无缥缈的精神寄托，但我想，长辈即便离开，心仍系在家人身上吧。能留的旧宅不留，那故去之人的心要居于何处呢？"

陆知趴着，段檬见状，想他是不愿多说，径自回了家。

陆知抬起头时，看着段檬离开后重又合上的大门。他和这栋旧宅一起被浸在暗暗的光线中，醉意蔓延到全身，被泪水打湿的眼眶潮红一片，枕着手臂沉沉睡去。

4

　　檀香缭绕在小阁楼上，素衣的老妇人往时娇美清绝的气质寡淡了许多，吃斋念佛，日复一日，这一扇虚掩的木门仿佛将她与尘世相隔。

　　攥着奖状的少年顿在木门外，静听着里面的人语。

　　"老头子虽然驰骋战场，为国家抛头颅洒热血，但杀戮即杀戮，功过不相抵……"木鱼声声，同老妇人的声音一样，悠悠向外传开，"愿漫天诸佛听我一言，我愿以余生虔诚与性命相抵，换得后辈平安，往日罪孽由我承受。"

　　少年皱眉，下楼看见晒太阳的老人，附在他耳边轻声道："爷爷你看，我又拿奖状了。"

　　老人欣喜地笑，拄着拐杖走到房间，将奖状贴在墙上。

　　少年心疼地看着因病而日渐消瘦的老人，忍不住问："爷爷，为什么你生病了，奶奶却不陪你，整天在楼上念经……"

　　老人慈祥地笑着："你奶奶这也是一种修习心性的方式。"语罢，老人远望落日，叹口气，"她有她的道理吧。"

　　往后的几年，老人的身体每况愈下，坐上了轮椅，最终在床榻终止了呼吸，一生荣光成云烟。

而老妇人将淡青素衣换成一身白衣，极少出那阁楼，少年同她的话也越来越少。

直到少年父母外出打拼，老妇人才出了阁楼，帮着管教不知为何日渐顽劣的少年。

一日少年将书本一抛，扔在浅眠的女孩子脸上时，惹来一声不满："喂！陆知！你不读书就算了，干吗往我脸上砸！"

"抱歉。看见书就烦。"少年挠挠头。

"为什么不学习？我还指望你以后帮我补习呢！"女孩子叉着腰。

"小西瓜，你知道吗，我爷爷那时候病得那么严重，我奶奶却整天念经。以前我拿奖状，可以让我爷爷在病痛中笑一笑，现在我不知道拿奖状还有什么意思。"

女孩子往他脑门儿上轻拍："傻子，你奶奶也很疼你的。"

是啊，所有的人都告诉他，"你奶奶很疼你的"。

但人就是这样吧，一旦将心思放在一件事上，就容易忽略其他。每听奶奶唠叨，就忍不住想起爷爷夕阳下的身影，想起小阁楼的木鱼声。

小时候，奶奶追着他的身影，夜里带檀香味的怀抱，回家的脚步声，他其实都记得。

再后来他逐渐长大了，奶奶抱不动了，唠叨也越发吃力，蹒跚的脚步声，他也记得。

怎么会忘呢？但人在少年时，不懂事理的情绪涌了上来，是什么也不愿听，一意孤行。

直到他的不懂事理，让奶奶也离开了人世。

5

陆知醒来时，强自打起精神，做了顿丰盛的午餐。

段檬狼吞虎咽之际想起正事，"下午家长会，老师希望家长参加，我爸妈不在家，你能去吗？"

陆知迟疑，"下午本来要谈房子的……"转过头见段檬晶亮的眼，失笑道："行吧，到时就说我是你表哥。"

老师家长交谈时学生都会避开，而往年老师特许段檬不用叫家长，今年例外，出于好奇，段檬靠在窗边偷听了会儿。

"段檬作为我班优等生，考上重点高校的概率极高，但班长反映，她近期常常自习时间不在班级，上课也迟到，这样下去恐怕……"

班主任是个话痨，一席话讲完，天色已暗。

结束时段檬不在教室，学生们都散了，教学楼空空荡荡。

陆知找她半天，突然听得楼层尽头有争执声，是段檬和一个男生。

陆知走近，只见段檬背对着他，质问一个男生。

段檬并未注意到身后，而男生只扫了陆知一眼，继续和段檬对峙。

"江非云，你为什么跟老师说那些？"

"怕你成绩下滑。"

"这么久我成绩掉下去过？"段檬越说越气，干脆把笔记本扔在男生身上，"管什么闲事！你知道这样做对我有什么影响吗？"

男生不为所动，"那你不也在管别人的闲事吗？"

"我管谁闲事了？"段檬扬起下巴，语气中是陆知未曾听过的盛怒。

男生开口道："那天我想着你落下了笔记，去你家把笔记给你。你不在，我就待角落里等，然后一个男人从你家对面出来，随后你也从里面出来，远远地跟上他，"男生见段檬流露出惊慌，继续道："我就在后面，听到你是怎么劝说那个男人，编造那些谎言，令他放弃购宅的念头……我看到那栋宅子门口挂的出售信息，你是不想主人把它卖了吧？"

站在段檬身后的陆知终于恍然大悟，前几天还有个算命先生拦住他，问他要不要净宅。

当时他一头雾水，"我在这住得挺好啊。"

段檬的一声大叫打断了他的思绪："江非云！"她的声音里夹杂着浓浓的哭腔，"你不知道他对我来说意味着什么，他占据了我整个童年，离开就不会回来，会把这个地方忘掉……可是他怎么可以抛下这些？"

不用段檬回头，陆知都知道她哭得多伤心，像一颗夏日的柠檬，被挤成了皱巴巴的模样，所有的泪水带着酸涩，往潮红的眼眶外淌。

可是她也不知道，于陆知而言，继续保留这里，那些痛苦的记忆会怎样侵蚀他的心。

陆知开口时，声音里是自己未曾预料的哽咽。

"段檬……"

段檬半晌才转过身，满脸泪水，无措地望着他。

"我说呢，房子怎么总是卖不出去，"陆知走到段檬跟前，像平时那样揉她的脑袋，笑着，却含着眼泪，用极其轻柔的声音说："那你呢？你知道这么做，会对我造成什么影响吗？这一生我都没办法原谅自己。"

陆知头也不回地走了。在逐渐变浓的夜色里，从人少的地方走到人多的地方，身后不紧不慢的脚步声始终在，他知是段檬，却不愿回头看。

直到过了一条宽敞又寂静的马路。

直到绿灯转成红灯，也没听见身后的脚步声。

他忍不住回头看了看。

段檬孤单地立在路灯边，披着校服外套，比他矮一个头的身影，被他抛在了后头。

就像是旧日里，被他那些糟糕的念头和行为抛在了时光洪流中的，无措的他。

6

宅子的出售信息仍挂在中介，不日又有买主找上陆知。

这次买主先付了定金，并承诺几日后将补全。从未有过的顺利。

段檬似乎再没有插手的想法，几天未曾找过陆知，三餐在学校食堂解决。

倒让陆知觉得心里空落落的。

上次段檬说她爸妈快回来了，那她就有人照顾了吧？

段檬在阳台上晒衣服，陆知抬头望她半天。

路过的阿姨突然朝阳台上喊："哎呀，小西瓜！"

段檬没站稳，整个人趴在栏杆上，惊魂未定地朝楼下回应："怎么啦张阿姨？"

阿姨赶紧冲她招手："下来下来，又爬阳台，当心摔着。"

"好好好。"

陆知想了想，拉着要走的阿姨问："张阿姨，小西瓜以前好像不爱爬栏杆的啊？"

"哎呀，你不晓得，她以前常爬上去帮你家打扫，你家都搬了那么多年……"

"我记得我家请了清洁阿姨定期来……"

"那个阿姨回乡下好多年了……一直都是小西瓜保管你们老家钥匙，隔一段时间就上楼去打扫，半年前她不小心从二楼阳台上跌下来，幸好只是摔伤了手哦。"

陆知突然愣住，说不出话来，阿姨见状边走边道："是要净净宅子了哦，孩子都魔怔了。"

再抬头看，段檬已没影了。

陆知想起那天傍晚，段檬倔强地和男生对峙的身影。想起她带着哭腔的话：你不知道他对我来说意味着什么……他怎么可以抛下这些？

是啊，他凭什么抛下这些？

还有那天晚上，隔着一整条斑马线看他，却一言不发的段檬。好像下定决心要从那一条马路开始，同他隔开往后的人生。

陆知突然手忙脚乱地掏手机给买主打电话，打不通他就照着地址找到买主家去，连声道歉，归还定金，告诉那人，抱歉，这宅子我还是不卖了。

买主大概求房心切，没忍住说了几句难听的话，陆知却还是笑，满脑子都是其他。

陆知拨了父亲的电话，说打算准备考研，不出国了，父亲只道，想清楚了就行。

一直以来，其实是他陆知自己，给自己的心缚了紧紧的绳索。

陆知收拾好东西打算回校备考，走之前给段檬短信，一直没回复。段檬用老人机，社交软件都联系不上。

敲她家门许久，又等上一个下午。直到邻居路过提醒，昨夜段檬爸妈回来把她接走了，不知是不是转学。

陆知有些忐忑。

段檬会像他以前那般不告而别吗？再回来时，被人笑问客从何处来。

陆知踌躇半天，只好在每层楼的每个房间都留了字条，用段檬以前送给他的那些陶偶压住，才带着行李离开。走之前望着段檬家阳台，想起她坐在上面吃西瓜时心无旁骛的样子，忍不住笑了笑。

7

"矿泉水饮料冰淇淋啊，哈根达斯有需要的吗？"推车滚轮声由远及近，在动车上睡了两小时的陆知皱眉醒来，耳边送餐员又接着道："哈根达斯有需要的吗？"

陆知揉揉睡眼，下意识出口："老坛酸菜牛肉面有吗？"

送餐员笑道："我们不售泡面。"

旁边的乘客闻言都笑出声，陆知想到什么，也轻轻地笑开了。

抵达老家时已值傍晚，抬头看看对面阳台，一件衣服也未晾晒，只好略带失意地回家，洗去一身仆仆风尘，而后接了研究生导师交代琐事的电话，抬头看天，已然沉黑如墨，大抵因为乌云所蔽，不见星光，整个夜空显得无比寂寥。

忽的风雨大作，雷电交加，陆知正皱着眉，担心会不会停电时，唰的一下，客厅那盏暖灯已经熄了。

幸好以前段檬拿来的蜡烛没用完，他摸到蜡烛和打火机，突然想碰碰运气。

一步，两步……陆知走出一扇门，到另一扇门前，在雨夜里，心里期待着一件事，脚步变得轻快无比。

直到站在段檬家的屋檐下。

陆知敲门良久，风雨不知何时已渐息，他却不想折返，就立在门前，好看的手指圈成环，护着烛光。

不知多久过去，门忽然开了，蜡烛燃得只剩下很短一截，但火光温柔地映着门内人的脸，满带讶然，眉目间却是掩不住的欣喜。

陆知低头，看着段檬那盈着星光的眼，轻声问她："停电了，要来一支蜡烛吗？"

未给姐姐递出的信

夕里雪

我总是想说，姐姐其实我很想你；但是话到了嘴边，却变成了不必为我担心。

——你想你姐姐吗？

我记得问老康这个问题的时候，他正在调一杯摩卡。两份浓缩，一份巧克力酱，慢慢倒入打泡的牛奶，最后收尾的时候轻轻抬起手腕，随着手臂小幅度地轻轻晃动，一个羽毛拉花便慢慢地浮在了咖啡上。

中度烘焙的咖啡迎合着巧克力的浓厚，将空气晕染得馥郁馨香。他抬起眼睑，长长的睫毛下是一双比女孩子还好看的大眼睛，唇角一弯露出两颗小虎牙，用他一贯不紧不慢的语调问我："关你屁事啊？"尾音清扬，居然带了几分撒娇的味道。

我盯着老康的微笑足足看了三秒，啧啧感叹："祸国殃民，祸国殃民啊！老康你一个男孩子长得比女孩子还好看，简直就是罪孽！"我本来还想说点儿别的，但见他拿着咖啡杯的左手一直不受控制地颤抖，感觉他随时就可能把手里的咖啡泼到我脸上——这种事他又不是没干过，想着多一事不如少一事，趁着他没发飙之前赶紧讪讪地走开了。

老康其实不老，刚刚迈进成年人的门槛。之所以他要我们叫他老康，纯粹出于缺啥补啥的心理。在我们一群已经被大学生活荼毒了三年的老倭瓜中间，嫩得像顶花带刺的小黄瓜的他，觉得被我们喊一声"老康"，更容易有存在感。

老康在校门口的咖啡厅打工才俩月，收了十七封情书，我就着咖啡把那些情书当小说看，一抬头，就看见老康站在逆光的柜台里，慢慢地调一杯摩卡——他动作很慢，打发的奶泡随着手腕的动作缓缓流进瓷杯，周围的时光仿佛都随之慢了下来。

我偷偷地想，也许耳朵坏了并不是件坏事，至少让他少了很多外界的叨扰。只有像他这样内心宁静的人，才会有这种让时间凝固的神奇力量吧。

不知道是不是当时情书看多了，脑回路里都是酸情，我扭头大声问他："老康，你想你姐姐吗？"

问完我就后悔了，生怕他一个咖啡杯扔过来砸我。幸好他没有追究，扔下一个白眼转身去忙了。

姐姐。

对老康来说，这是个复杂的词语。

我们一直都知道老康有个亲姐姐，比他大了将近十岁，结婚移民到旧金山去了。平时也偶尔看到他接到姐姐的电话，但真正听老康讲起他姐姐，却是在我发现他耳朵有问题的那一天。

那天咖啡厅被学生会外联部包下开一个小型的主题聚会，人来了不少。我和老康并肩站在柜台后面帮部长准备酒水的时候，老康用手肘捅了我一下，"我手机响了，围裙口袋，帮我拿一下。"他正在做千层酥，满手的黄油面粉，我便从他口袋里掏出手机看了眼屏幕，是他姐姐，问他接不接。他点点头，我把电话接通了递到他左耳朵旁边，他却脑袋一侧躲开了，"到我右面来。"

我正忙得烦躁，没好气地拿手机顶了一下他的脑壳，"哪儿那么多事，没看见我正忙着呢！左耳朵聋啊，还非得让我绕到你右面去！"

老康当时欲言又止的表情看起来应该是很想揍我，不过天生的好脾气让他最终还是把火压了下去，侧身远离手机话筒，压低声音说："建建，拜托你。我左耳发炎了，听不见。"

我承认我当时后悔得很想把自己舌头割下来，赶紧乖乖走到他右面，听着他对话筒说话。

"姐姐……嗯，挺好的……钱够花……爸？我前天给他打电话了，挺好的，天天出去遛弯呢……Eason好吗……好，保重身体，再见。"

我不知道是不是当时的情绪影响，我听着老康打电话，感觉他的声音里有一种莫名的忧伤。

我曾经遇到过很多有故事的人，他们的身上带着一种味道，如同老屋的飞尘、旧照的泛黄、录影带的雪花点、日记本折页的裂痕，都是被时光打下的印记。老康的声音里，也有那种味道——陈旧的忧伤环环相扣，找不到源头，也看不到出口。

等他挂了电话，我二话不说拉着他去了医院。

诊断的大夫说他是旧疾复发，注意饮食、调节情绪再挂两瓶消炎药，自然就会好。我陪老康去输液室挂水，他一直很沉默，似乎不开心被人窥见了缺陷。我运了三次气，反复告诉自己不要对别人的隐私好奇，最后还是没忍住，问他："老康，你的耳朵生病，你家人是不是不知道？"

后来去美国看姐姐的老康从旧金山给我打来电话，他说，建建，我经常想起在医院的那个下午，那是我第一次和别人聊起姐姐，我发现有些事情，原来说出来也没有那么难。

在那个下午，无形的时间化为了有质的液体，在输液管中滴滴答答地放缓了速度。一段尘封的往事被重新翻起，伴随着时光的执拗和漂洋过海的悲伤，我听见老康认认真真地说出了两个字。

姐姐。

老康是二胎，比他姐姐小了十岁。出于传宗接代的愚昧信仰，老康的爸妈为了生儿子，不惜搬家加假离婚，才终于有了他。老康天生一副好长相，性格又安静听话，爸妈宝贝得不得了，在儿子女儿中间的小天平肯定会倾斜。偏偏老康的姐姐是个性格倔强的姑娘，爸妈偏心，她也不去讨好，只是有事没事地背着爸妈欺负老康。

所以，老康九岁之前对姐姐的印象并不怎么好，因为她总踢他掐他，还威胁他不许告诉爸妈。后来总算熬到他姐离家上大学，老康心里居然有暗暗松了一口气的感觉。话说回来，老康的姐姐真的不是一般地要强，她那个时代的女孩儿，从辽宁小城完完全全靠着自己的力量跑到新加坡去读大学，其中的付出只有她自己知道。

这一切，都在九岁那年突如其来的意外中，被生生改变了。

那年秋天，老康的妈妈在一场车祸中去世。老康被他爸接到医院的时候，看到妈妈全身都被插满了管子，衣服上还沾着血迹。他不知道妈妈为什么会变成这样，但是心里却明显感觉到，有些东西，很快就要失去了。

那天晚上，九岁的老康第一次失眠。他很害怕，是突然被人从怀里推开的那种害怕。爸爸受了很大的打击，想不到要照顾他，老康用自己所有的枕头和玩具在床上绕着自己围了一圈，却还是不能入睡。他对我说，后来的很多年里，他都始终觉得，失眠是这个世界上最可怕的事情。因为黑夜会将所有的恐惧无限放大，化成一张网，将你层层包围。

姐姐第二天下午才飞回来，立马开始帮爸爸操持葬礼，没怎么和老康说话。晚上，老康在自己的卧室里，又想用玩具把自己包围起来的时候，他姐姐端着一杯热牛奶进了他房间。她看了一眼老康的床，明显愣了一下，然后拿着一本书坐到老康身边，说，你快睡觉吧，我坐在这陪着你。

老康的姐姐在家待了半个月，每天接送他上学，给他做饭，甚至还给他开了一次家长会。每到晚上，她就拿着一本杂志安安静静地坐在老康的床边，一直等到他睡熟了才离开。

老康对我说，他们原本应该是一样的悲伤。可是为了他，姐姐隐藏好自己所有的情绪，安安静静地拉着他的手，陪他度过了最艰难的时期。

从那个时候开始，姐姐养成了一个习惯，每个隔天要给老康打一个电话。这个习惯坚持了八年，期间老康经历了升学、父亲再婚、姐姐成家、初恋被班主任发现告家长……直到高考。长长的八年时光，化作电话线的两端，一端慢慢地讲述，一端耐心地倾听。

然后，老康迎来了人生的另外一个坎儿：高考。

据说那个时候家里分成了两个阵营，爸爸和继母想让老康高考，姐姐想让他尽早出国。老康一向听姐姐的，全心投入了考雅思的大军中。奈何他天生对语言缺根弦，中文说快了都会思路混乱，英文更是一塌糊涂。不眠不休地复习考了三次，居然一次成绩比一次差。

姐姐气疯了，认为老康每天慢悠悠的根本没把考试放在心上，殊不知他只是强装淡定，每每半夜急得睡不着，把自己的手指头都咬出了血。第三次成绩下来的时候，爸爸摇了摇头，和老康说了声没事没事就走开了；姐姐却劈头盖脸地把他好一顿骂。

也许是长时间的紧张焦虑绷断了老康理智的最后一根弦，从小没和姐姐顶过嘴的老康，忍不住开口："姐，你不是从小就讨厌我吗。因为爸妈更喜欢我，你对他们特失望；现在好了，爸对我也失望了，你应该高兴才对啊。"

一个人一生会做错很多事，老康说，如果可以，他多希望当初可以收回那句话。

那天，姐姐打了老康一个耳光，打在了他的左耳上；也是在那天，老康从家里跑出来，一个人来到上海打工。做了十七年乖孩子的老康，执拗起来也是十匹马都拉不回来的架势。老康戏谑地说，从这一点上足以判断，他和姐姐的确是从一个娘胎里出来的。

初到上海的时候，耳朵发炎很严重，左耳完全失聪，老康和人说话，习惯性地微微低头，用右耳来听。别人以为他谦逊，没有人知道他默默承担的痛苦。

很长的一段时间里，他没有和姐姐联系。老康说，那段时间他左耳不仅失聪，还出现了幻听，总是听见手机响，可是掏出来一看却并没有来电。姐姐每月固定时间把钱打到他的卡上，金额到账的短信提醒，成了他们姐弟之间唯一的维系。

再在上海见到姐姐，已经是小半年之后的事。姐姐怀孕了，要去美国生孩子。老康看着那个身高一米七五、总是大步流星大声说话的姐姐挺着小腹，慢慢地挪着小碎步，感觉不可思议。

姐姐说：你要升级了，再不是家里最小的孩子，所以要更懂事了；我以后也不能再随便欺负你了，我要给宝宝做表率。顿了顿，又说，万一宝宝将来有了兄弟姐妹，不能让他犯和我一样的错误。

据说，就是因为最后的这句话，老康在送姐姐出国的机场，哭得像个孩子。

他们就这样恢复了曾经的联系。姐姐经常跟老康视频，抱怨孕期的难受，抱怨国外生活的寂寞。时光被重新连接在了电话两端，只是这一次，慢慢讲述的变成了姐姐，耐心倾听的变成了老康。

像所有的亲姐弟一样，他们也会一言不合，也会翻旧账。老康耳朵发炎的时候，一个人越想越气，会经常故意不接姐姐的电话；姐姐也是个不达目的不罢休的主儿，老康不接电话，她就一直打，管它中国是午饭时间还是凌晨三点，直到联系上老康为止，电话通了就骂，绝不留情。

我问老康，耳朵的事情，你恨不恨你姐姐？

他点头：嗯，恨。想了想又说，可是……我夺走了她童年里大半的父爱母爱，我看她那副对我咬牙切齿的样子，心里应该也是真的恨我。我们旗鼓相当，这样很公平。

可是……建建，不管有多恨，都改变不了我们是亲人的事实啊。我一出生就认识她，被她打，被她骂，可是也被她牵着长大。妈妈去世，她陪伴我度过最难熬的日子；我考试不及格，她模仿爸爸的字体给我签试卷；我想学音乐，她攒钱给我买萨克斯。

同样，她和老公吵架，是我打电话骂她老公；她移民办得不顺利，是我陪着她跑这跑那；她飞到旧金山之前，是我送她到机场。

我们互相憎恨，互相嫌弃；可是从很多年之前开始，我们就知道，彼此是这个世界上最后的依靠。

我的耳朵不会好了，她的童年也不会回来了。我们都失去了一些很重要的东西，我不能再失去我姐姐，我想，她应该也舍不得我这个弟弟。

时间是一场漫长的拉锯战，憎恨与亲情在角力中达到了一种微妙的平衡。老康说，我从小不喜欢和别人提起她，可是她就突兀地在那里，大个子大嗓门儿，谁都无法忽略。

后来有一段时间，我喜欢上听赵雷，他有一首歌叫《未给姐姐递出的信》。

> 姐姐如果感到疲惫的时候去海边静一静/我也特别希望有天你能回来定居在北京/我知道有一些烦恼你不愿在电话里和我讲起/你会说Don't worry/傻傻一笑说一切会好……

我跑去让老康听，老康听完会心一笑，说这唱的不就是我吗。

我矫情地说那你也给你姐姐写一封信吧，现在就写！听着BGM写！他说用不着。我刚问为什么，他的电话就响了。

老康指着屏幕上的"姐姐"两个字，说，你看，她不会给我这个机会的。

喜欢是一首没有名字的歌

夏白洛

嘉麦突然发现鹿森森腰带上的钥匙扣没那么讨厌了，甚至有些可爱起来。

体育课上，嘉麦脑海里冒出这个想法时，自己也吓了一跳，此前嘉麦一直觉得那些把钥匙系在腰带上的男生很愚蠢。

1

鹿森森是嘉麦从小到大一直以来的同学，幼儿园，小学，初中，一直都在一起，虽然关系并不怎么密切。

嘉麦注意到鹿森森是因为高中两个人又分到了一个班级，面对一群陌生的面孔，鹿森森的脸显得亲切多了。

所以嘉麦很自然的选了鹿森森后面的座位，但鹿森森好像并没有认出她来。

只是像对待其他同学那样打了个招呼，就再也没有多余的话。

看着鹿森森自顾自地看书，嘉麦心里闷闷的，竟有些生气。

在嘉麦的印象中，鹿森森个子一直都是矮矮的，很瘦小，就像只营养不良的小猴子。

刚上小学第一天自我介绍时，大家都在黑板上写下自己的名字，鹿森森还由于名字笔画多而将名字写成虎森森，一下子把大家都吓到了，原来世界上还有老虎这种姓氏。

当时年轻的女老师也愣了半天，翻看花名册之后才知道原来是鹿不是虎。

女老师好心纠正了鹿森森的错误，鹿森森却脸一红，冲到座位上一边叫嚷着明明就是虎一边竟哭了起来。

嘉麦重重地叹了一口气，原来不是老虎啊，是鹿。

鹿是什么？

那个时候的嘉麦没去过动物园，不知道什么是长颈鹿，也没看过动画片《九色鹿》，不知道关于鹿原来还有那么美丽的传说。

所以对鹿这个字并没有什么好感，与之相关联的，对鹿森森也没什么好感。

2

上数学课鹿森森站起来回答问题时，嘉麦才发现，原来鹿森森已经这么高了啊，活活比自己高了一个头。

鹿森森回答问题很精彩，在数学老师赞许的目光中引起一片掌声。

嘉麦也跟着拍了几下手，鹿森森脑子从小就很聪明，这个她是知道的。

小时候，在别的小朋友都忙着在外面做游戏时，鹿森森就已经开始一个人躲在教室里看那种插图很少的故事书了。

后来上了初中，鹿森森的才华便开始得到展现，他会写很好看很好看的粉笔字，教室后面的那块黑板几乎成了他的个人专场。

描画边，写诗歌，画配图，鹿森森好像无所不能，总能把黑板报办得很精彩，每次学校评比的时候都能得奖。

同学们都觉得鹿森森是个很爱看书的人，每次黑板报上摘抄的故事都充满趣味，嘉麦也这样觉得。所以嘉麦每次都偷偷抄下板报上的那些故事，用来当作自己的读书笔记。

有一次回家路上嘉麦忘带了一本家庭作业回教室取的时候看到鹿森森正趴在座位上涂涂写写着什么。

走进一看才发现原来是在修改着一篇故事，在原来的文字上划上一条横线，然后又在下面的缝隙里重新写上一句。

后来，当那篇故事出现在黑板报上的时候，嘉麦才明白，原来那些故事都是鹿森森自己写的。

这件事，嘉麦没有告诉过任何人。

3

高中的体育课很无聊，所以女生经常都以各种身体不舒服为理由请假，刚刚二十出头的男体育老师也不好意思多说什么，只能红着脸让那些女生在一旁的树荫下休息。

女生们一边把自己的身影尽力往树荫下缩生怕自己被晒黑，一边小声地讨论哪个男生更有意思。

嘉麦是真的身体不舒服，听着那些女生叽叽喳喳地聊天，不由得开始烦躁起来，而且，嘉麦从那些女生的口中听到了熟悉的名字。

鹿森森。

嘉麦用手捂住耳朵，努力把头埋进怀里，不想听到那些人的聊天内容，又忍不住把耳朵露出来，好奇那些人说了什么。

在纠结中终于熬到体育课结束。回到教室后，嘉麦把晒得通红的脸贴到课桌上，课桌很凉，冰冰的很舒服。

"喂，你要吃吗？"

鹿森森递过来一只雪糕，嘉麦有些犹豫地接过，小声地说了声谢谢。

这才发现，原来鹿森森给周围的每个人都买了一只，嘉麦心里有些别扭。

看着鹿森森转过去的背影，嘉麦撕开包装，轻轻地用舌尖舔了一下，很甜。

那是一只绿豆味的雪糕，带着绿豆独有的清爽味道，如果是红豆会更加好吃吧。

一想到红豆代表着相思，嘉麦忍不住又红了脸，刚刚才凉下来的脸又变得滚烫起来。

嘉麦很小心地又舔了一口雪糕，心里抱着侥幸，就吃一根应该没事吧？

手中的雪糕慢慢融化，要是就这样扔掉该多浪费啊，更何况是……嘉麦一咬牙，反正就吃一根，没事的。

那天晚上，嘉麦捂着肚子在床上疼得打滚，眼角的泪珠一直往下掉，却还是忍不住弯了嘴角。

4

嘉麦说不清楚自己到底是怎么了，看到鹿森森和别的女生说笑心里就很难受，而当鹿森森和自己说话时，又结巴着不知道该说什么，只能假装很认真的看书。

于是嘉麦决定给鹿森森写小纸条，虽然是很幼稚的方法，但却是嘉麦唯一能够想得出来和鹿森森交流的方法，让她面对面和鹿森森说话还不如直接让她做一辈子的哑巴。

虽然想到了写小纸条，可是要写什么内容又成了难题，嘉麦写"喂，你知道我是谁不？"看了几遍觉得不行，这样太蠢了，都同学这么久了这算是什么。

嘉麦写"喂你还记得我不"，看了几遍还是觉得不行，这样的话，鹿森森肯定不会说是不记得了，但如果他要真的不记得了那该怎么办？

笔记本上的纸被嘉麦撕了一页又一页，还是没写出满意的内容，不就是一句话而已吗，怎么这么难。

嘉麦狠狠地敲了敲自己的头，引得周围的人一阵好奇，嘉麦下意识抬了抬头，看着前面的鹿森森没有转过身来就放了心，继续琢磨起来。

终于，在最后一节晚自习结束之前，嘉麦硬着头皮戳了戳鹿森森的背，鹿森森转过头来的时候，嘉麦屏住呼吸小心翼翼地递过去一张纸条。

纸条上歪歪扭扭画着一把麦穗，旁边写着：

"喂，我是你小学同学。"

5

看着鹿森森递回来的纸条，嘉麦笑出了眼泪，鹿森森在她的纸条背面花了一只麋鹿，旁边写着："喂，我是你初中同学。"

嘉麦就这样和鹿森森熟络了起来，每次传过去的纸条，递回来时一定会加上鹿森森好看的字。

邻桌的女同学新剪了刘海，引起周围的一群女生好评，嘉麦有些纠结，在纸条上写了你觉得她的刘海剪得怎么样的话递给了鹿森森。

嘉麦想鹿森森肯定会觉得那样的刘海不好看的，印象里鹿森森不是最喜欢樱桃小丸子了吗，樱桃小丸子可是齐刘海啊。

可看着邻桌的女生，她的刘海确实比自己的好看很多。

第二天，嘉麦戴着帽子去上学，整个上午的课都低着头，鹿森森递过来纸条问怎么了嘉麦也只是把纸条叠起来放进口袋没回复。

因为昨天鹿森森递过来的那张纸条上写着挺好的三个字，嘉麦冲动之下也跑到理发店剪成了那样的刘海。

晚上回家对着镜子看着和别人一样的刘海，嘉麦心里却更加不舒服，自己为什么要和别人一样呢？

嘉麦找来一把剪刀想要自己修剪一下结果手一抖就剪了个缺口，不大不小，正在脑门儿上。

嘉麦想，鹿森森肯定觉得她更丑了吧。

6

看着嘉麦一直低着头，鹿森森大概猜出了她的不开心。

她似乎从小就是这样，表面上看起来很活泼很外向其实把什么都藏在心里不说，还很容易害羞。

小学的时候他在黑板上写错名字所有的小朋友都在笑就她一个人没笑，好像在思考着什么，看起来还很认真的样子；初中时他的黑板报一直很受欢迎，就在他因为别人的喝彩而微微有些骄傲的时候，就嘉麦一个人没有鼓掌，反而在笔记本上记录着什么。

那个时候鹿森森就发现，这个女孩儿和别人不一样。

从幼儿园到小学，从小学到初中，再从初中到高中，两个人一直都在一个班级却好像并没有什么交流。

鹿森森心底里是渴望和嘉麦说话的，可是又害怕被嘉麦讨厌，所以，在看到嘉麦心情不好的趴在桌子上时，鹿森森跑到小卖部买来雪糕，又害怕嘉麦不接受，所以给身边的每个人都买了一只。

嘉麦是接过了雪糕，但是却好像很勉强，鹿森森心里有些难过，转过身的时候心也就跟着沉了下去。

所以鹿森森没想到会收到嘉麦主动递过来的纸条，更没有想到过纸条会越传越多，成了两个人之间的一种专属沟通方式。

当嘉麦问自己邻座女同学新剪的刘海怎么样时，向后看了一眼这才发现，原来旁边的女同学剪了刘海，鹿森森是想说"你这样的刘海就很好看"的，但是觉得又不太合适。

想了半天于是写下了"挺好的"三个字。

嘉麦不开心了，怎么办呢？要不请她吃雪糕吧？鹿森森想起了上次的雪糕事件，突然发现会不会是因为口味不对所以上次嘉麦并没有很开心？

鹿森森很快地就写好了纸条，却一直握在手心不好意思递过去。

等到纸条都被手心沁出的汗濡湿时，鹿森森终于把纸条送到了嘉麦手里。

不知道她会不会理解呢？鹿森森有些不好意思。

纸条上带着尝试的口吻，写到：

"我请你吃雪糕吧？红豆的。"

星辰凡间来

他　她

呗　沐

　　他喜欢她的第十一个月零四天，他想，他终于要结束快一年的单恋了。

　　他和她是在学校附近的奶茶店里认识的。

　　他总说第一次见到她的那天阳光正好，他在奶茶店里第一眼看见她，就知道青春期所有看过的美好都不及遇见她的十万分之一。

　　可是实际上他遇见她的那一天，大雨滂沱，他没有上学带伞的习惯，于是很不意外地被淋成了"落汤鸡"。

　　他躲在奶茶店里连续打了几个喷嚏，头发被淋湿后刘海儿乱蓬蓬地搭在额前，他随口大骂了几句"什么鬼天气"，与他所提起的"美好"完全搭不上边儿。

　　坐在他旁边的她看不下去了，起身想走，但可能是觉得这样不礼貌，于是到柜台前拿了杯热蓝莓奶茶放到他手上。他不好意思地挠了挠后脑勺，告诉她："不好意思这位同学，我没带钱。"

她笑着摇了摇头，"没事儿，同学，这奶茶算我请你的，别感冒了。"

他只顾着第一次遇见她的欣喜，捧着热奶茶感受着手心一点点被温暖，低头听着店外的雨声，心里却有颗青涩的种子埋在了心底，所以他忘记了对她说声"谢谢"，当他抬起头时，她和她的好友早已撑伞走远。他傻傻地对着空气笑了一声："来日方长，会再见的！"

回到家后他还是发高烧了，迷迷糊糊地做着梦说着谁也听不懂的胡话，但在奶茶店和她相遇的情景，她的一颦一笑，都一一回放在脑海，那么清晰，那么真实。

年少的喜欢是一件孤单的心事，这突如其来的情感没有理由，也寻不到出路。

他对自己说过的"会再见的"，果然在那场大雨的一个星期后，他和她真的再见面了。

那天下课他去政治老师所带的另一个班级里拿政治老师落在讲桌上的课本，看到了正在擦黑板的她。他和她的教室分隔在走廊的两个角落，原来，当你想要见一个人的时候，不管她在哪个角落都能够被当作不期而遇。

她修长的头发随意地披散在肩头，随着擦黑板的动作轻微地甩动。他走过去像是一个老朋友一般地拍了下她的肩头，"嘿，同学，我们又见面了。"

她皱着眉头似乎想不起来他是谁了。在他快要感到失望的时候她才开口说道："同学你怎么了？都说了那奶茶算我请你的，没必要这么紧追着我不舍吧？"说完她还捂嘴笑了起来。

他吐舌调皮地也笑了一下，告诉她自己的名字，换来了她的名字。

他说遇见她，是他年少时最值得温暖和骄傲的事情，因为啊，在遇见她之前他从来都不知道心动的感觉是这样的忐忑而又让人欣喜。

当喜欢一个人的时候，无论走到哪里都是顺路。他开始习惯性地放学后在教室门外等她路过，一起"顺路"去奶茶店请她喝奶茶。和她聊天知道她喜欢陈奕迅，知道她喜欢蓝莓奶茶，知道她下雨天也不喜欢带伞，知道她的兴趣和习惯，自己于是默默地改变自己的习惯。

都说喜欢一个人时最卑微。他会因为她喜欢，也去听陈奕迅的歌，每次喝奶茶时也点蓝莓奶茶，也在书包里不论晴雨天都装上两把伞。

他对她的喜欢，那么小心翼翼那么温柔到位，他只是想静静地走近她，然后再悄然寂静地对她好。就算她不知道，可是别人却把他对她的心意都看在了眼里。

他喜欢她的第三个月，他生日那天，被一群损友叫唤着要他表白。他写了一封很长的情书，然后把她叫来参加自己的生日聚会。

他的生日聚会也被那群损友搞得一团糟，先是打蛋糕战，蛋糕满天飞，然后是真心话大冒险，被逼着抱了她。只是轻轻地抱了一下，两人都红了脸。

他的那群损友在他抱了她后看着两人都沉默了红着脸不说话，识趣地一个个找借口离开了房间。

等到只剩下他和她时，她才发现了不对劲儿，也想找借口离开，却在她的手碰到门时被他挡住了开门的动作。

"我喜欢你，我们在一起吧？"

柔和的灯光洒在他帅气的脸上，她有那么一瞬间的恍惚，就那么一刻，她真的想点头说"好"。可是她知道，自己不能和他在一起。

他把准备好的情书给了她，她静静地看了很久很久，也想了很久很久，还是摇了摇头调皮地笑了笑："对不起，我还没有那么喜欢你到要和你在一起，因为，你并不是唯一一个追我的啊。"

"没关系，我可以继续追你，直到追到你为止！"

于是，从他生日那天开始，他对她的喜欢，不再是自己一个人的事，他开始追她了。

他给她写了很多封情书，以为终有一封能够打动她，和自己在一起。他始终抱有希望，因为她并没有拒绝他追她，所以他认为这只是她在考验他。

其实，他写给她的情书，真的有一封打动了她，那

星辰凡间来

《《《

是他生日写给她的第一封情书，情书的最后是一串数字符号，那是他曾在一本杂志上看过的，抄到了纸上：I中①Y1314。

她第一眼就看到了这串符号，也知道这句话的含义：我中意你一生一世。

曾经也有人对她写过这些符号，那是他一直不知道的，给她写过这符号的男生成了她现在的男朋友，只是他一直没有问过她是不是有男朋友了。

她也经常给他回信，在他喜欢她的第四个月，她给他回的信有一句话："对了，一直忘了告诉你，我有男朋友了。"

他苦笑了很久，也埋头睡了很久。

他在想：她凭什么要在他喜欢得越来越深后才告诉他自己早已名花有主？

那种悲伤的情绪，第一次出现在这个男孩儿的身上。他很久很久没有再主动找过她，也很久很久没有再给她写过一封信。

他的损友们发现了他的不对劲儿，有人劝他放弃，他却偏偏执迷不悟；有人鼓励他继续追，他又觉得自己太累了。

然后又迎来了漫长的暑假，他喜欢她的第五和第六个月都在家里寂寞无聊地度过。经常会在做着某一件事情的时候突然就想起了她，然后孤独感把自己包裹得严严实实，这是柔软坚强生出了寂寞悲伤的茧。

他喜欢她的第七个月，他有过悲伤却继续嘻嘻哈哈地和她处着朋友的关系，继续追她，她不接受也不拒绝。

他喜欢她的第八个月，他得知她和现在的男友分手了，他恬不知耻地趁机而入，又开始经常给她写情书。

似乎又回到了最初的样子，他义无反顾念念不忘，跋山涉水奔向她在的远方。

他送给她很多东西，她都有收下，他写给她的信，她也都默默保存着。可是，她的做法令所有人都不解，不接受也不拒绝，他的苦苦追逐就好像让他越来越清楚他和她之间的距离不是隔着山不是隔着水，而是那心与心之间隔的天涯与海角。

他知道了，世界上有一种长久，不是白头到老，不是天作之合，而是无论他等多久追多快，她也看不到他的喜欢有多么辛苦。

她和他一起玩溜冰时两人都摔伤了脚，她只是轻微的擦伤，可是他自己拐着脚连续几天还跑到她的班级里给她送药。她胃不好，他忍着脚痛监督着带她去食堂吃饭。他对她的好，她都看在了眼里，可是她告诉他，还是不能和他在一起。

他说："书里电视上看过那么多男女主角经历了那么多考验才能在一起，所以我也不会放弃。我不信，我拼不过时间，拼不过你。"

阳光帅气的他自然也不乏追求者，林子大了什么鸟都有。有女生找到她，当着很多人的面对她大吼："你真以为你是谁啊？你配得上他吗？他追你这么久你还装什么清高？既不拒绝也不接受，在这儿玩什么暧昧？别以为所有人都看不出你的想法，用你的追求者来满足自己廉价的虚荣心可以，但是你玩他也玩够了，可以收手了吧？别最后把他弄得遍体鳞伤你才开心！"

一大段话连珠炮似的打进了她耳朵，也砸在她的心头。

她礼貌地对着来者笑笑，"谢谢你的忠告，我会远离他。"

这件事传到了他的耳朵里，他找到了她。那是他喜欢她的第十个月底。

她站在江边，任由大风把自己的脸颊刮得生疼。

她捡起放在脚边的大盒子，对他说："这是你写给我的所有的信，还有一些送给我的礼物，现在我把它们全部还给你，对不起！"

他变得有些歇斯底里，"对不起？你把这些东西还给我就可以了吗？我追你这么久对你的喜欢你想还就还得清吗？"

他抢过她手中的盒子，将信全部掏出来，扔到江水中。

突然的，她抱住了他，"这是你向我表白那天你给我的拥抱，我也还给你。然后，你可以选择留在原地，或者走。只是不要再追我了！"

原来，有一种等待是永远也没有期限的。那些没有答案的等待，只是因为不愿意放弃而找的借口。

他无奈地笑了笑，疲惫和憔悴显现在他的脸上。他还是走了，没有回头。

其实，如果他回一下头，哪怕只有一下，就会发现，在他身后哭得那么伤心欲绝的她——捡起了那些被风吹得四处散开飘落在岸上的残余的信。

他也一定会知道，她可能，也是那么那么地喜欢着他。

可是，没有回头的他只是想：原来和你在一起只是我心生的奢望，我想我们终究只会像梦一样，曲终人散。

他回到家里，找出了写给她的日记，那些记录着他和她有关的片段，他以为这样就能打动她，就能让她知道自己的好和自己在一起。

他写了半本的日记给她看过，她看了半个月后还了回来。他以为她会在日记中回复什么，可是翻遍了他写过的部分和日记本的封底，他都没有发现她的字迹。

他想，他要最后一次再看这些写过的日记，然后，就不要再去追了。

他告诉自己，是自己的就是自己的，不是，强求也求不来。

他看了那些回忆，越看越伤心，越看越难过，最后埋头号啕大哭起来。

他想：真的要放弃了吗，我这十个月的单恋，幸好啊，时间不长，可是自己怎么还这么难过？

会过去的，都会过去的。青春期的那些遗憾和伤痛，只会让自己成长。在以后的岁月里他一定会放下她的。

他也不要这份回忆了，他把日记本一页页地撕下，看一页撕一页。

他把年少的喜欢给了她，这些回忆又让他这么难过，看着自己熟悉的字迹，也笑自己多么傻啊会喜欢一个永远也等不到的人。

撕到后面的空白纸张，他的心情才平复。那些空白的纸张就是从这天起要开始空缺的了。

可是，在日记本的倒数第四页，他才发现，有那么一串符号：I中①Y1314。

还有一句话：等你写到这里发现了这句话时，应该是你喜欢我的一年后了。你把这日记本写完的那天，就是我们在一起的时候。

他突然想起来了，她要他要么留在原地，要么走。如果他有留在原地的话，她会不会把欠他的喜欢，也一一还给他？

他用了几天的时间把日记本的最后四页认真地一字一句写完，然后到她的班级里找到了她。

"你说的，如果我把这日记写完，你就和我在一起！"

他将仅剩下的四页日记本给了她，她笑着望着自己写过的那句话，原来遇到喜欢的人不管他和她隔的是时间还是距离，都能够披荆斩棘迎来明媚。

窗外的阳光刚好照在纸上，她写的"I中①Y1314"在阳光下显得格外温暖，一如他第一次遇见她那时的笑，也一如现在她比阳光还要明媚的笑。

她说："我以为，你再也不会拿着这日记来找我了呢。"

他喜欢她的第十一个月零四天，他想，他终于要结束他快一年的单恋了。

他终于追到了她。虽然有过悲伤，好在有惊无险，因为他和她，并没有错过。

这是他和她的故事，如果不是遇见她，他就不会懂得这年少寂静的喜欢会有如此多的惊喜和忧伤，但是如果有哪一个人敢把他们相遇的那一天抢走的话，他想，他一定会用尽全身力气狠狠咬住那人的手，直到那个人放开手把这一天还给他为止。

眼泪的重量

张思琪

曾记得在一次与朋友聊天时，她说："不知道为什么，有时候，笑着笑着，就哭了……"也记得，那时的我佯装着打趣道："怕是沙子见不得你笑，总想在你笑时进入你的眼。"但我分明感觉得到，那时的我们，眼睛都红了。

十四岁了，再过半年就初三了。表面上依旧每天打闹嬉戏，背地里，每个人都会挑灯夜读，让时间在笔尖悄然滑过。我们都已不是小孩子了，都不再把"玩"当成是"人生第一大事"了，每个人的肩上都背负了一副沉重的担子，担子里，满满的都是老师和家长们的"希望"。

多少次想过，能够和同伴们在蒲公英的陪伴下欢笑；多少次想要，能够兀自漫步，任时间流淌；多少次盼望，能够闲下来，静静地欣赏，哪怕对方是一片叶子……可最终，这些都渐渐演变成了一个个遥不可及的想象，只可仰望。

每当我望着一群群孩童从我身旁嬉笑着蹦过时，我唯一的希望，就是他们的单纯能够永恒，每每这时，总会有一颗晶莹的泪珠，悄悄滑落，湿润了我的心。

蓦然间发觉，人心竟如此脆弱，眼泪竟会如此不堪地流落，殊不知，这是心灵的抚慰。

很多书上都说，女孩子泪腺天生就比男孩子的大。所以，她们痛时会哭，苦时会哭，看书会哭，看电视也会哭，就连听歌，都有可能会哭。可我，竟脆弱到，面对回忆都要哭，面对现实都要哭。

我明白，多少年的时光都已如同离岸帆，渐行渐远，隐匿在空茫的成长中。但我依然忍不住，禁不住被它华丽的色彩刺痛双眼，无言泪泣。

"最坚强的是人心，最脆弱的也是人心。"是啊，面对未来，我们有种种的不确定，种种的不开心，成长的洪流总是将我们推搡前行，让我们无法思考，无从选择，可我们会害怕，怕失败，怕意外，于是，几滴水珠便从"眼泪湖"中跑出，化作泪水，无声地淌在面颊上。这样的泪滴，虽然不能解决实质上的问题，不能让我们看到未来的方向，但它毕竟是一种情感的宣泄，向外泄露着我们的迷茫，我们的懵懂，我们的恐惧，而同时它也能够最大限度地增加我们面对未来的勇气，因为它拥有重量。

一个人，当他与真实和柔软相距足够近时，他的每一滴泪都将拥有重量。这不是矫情，因为总有一种力量，可以抵达我们心灵的最深处，让我们的心渐趋柔软，让我们落下的泪，无声而有力。

翻开书，一段文字跃入眼帘，它将我打动，它浸入心里，惯例似的，一道泪痕，又淌在了我的脸上。

这眼泪，拥有重量……